LES PIRATES CHINOIS

Paris. — Imprimerie de la Librairie Nouvelle, A. Bourdilliat, 15, rue Breda.

FANNY LOVIOT

LES
PIRATES CHINOIS

MA CAPTIVITÉ
DANS LES MERS DE LA CHINE

NOUVELLE ÉDITION REVUE ET AUGMENTÉE
avec portrait de l'auteur

PARIS
LIBRAIRIE NOUVELLE
BOULEVARD DES ITALIENS, 15

A. BOURDILLIAT ET Cⁱᵉ, ÉDITEURS

La traduction et la reproduction sont réservées

1860

PRÉFACE

Au moment de mettre sous presse une nouvelle édition des *Pirates chinois*, j'éprouve le besoin de remercier le public pour l'accueil bienveillant qu'il a fait à ce livre. Encouragée par le succès, j'ai voulu le revoir et le corriger, le compléter autant que possible, en glissant çà et là dans mon récit quelques traits saillants des mœurs de ce peuple étrange, au milieu duquel j'ai forcément vécu. Cette relation, écrite sous l'impression des terreurs que j'ai éprouvées pendant que j'étais au pouvoir des pirates chinois, offre, du reste, un puissant intérêt d'actualité en ce moment même où tous les regards sont portés vers la

Chine; et pourtant, lorsque je publiai cet ouvrage, je ne me doutai nullement que les soldats de France et d'Angleterre allaient, à une époque aussi rapprochée, pénétrer dans cet empire mystérieux à l'extrême Orient, et que les faits relatés de ma propre histoire viendraient donner une fois de plus raison aux événements du jour. Or, dans un temps non déterminé, mais qu'on peut prévoir, nos officiers de terre et de mer rapporteront de cette expédition de précieux souvenirs, et peut-être alors ce livre aura-t-il réellement son utilité, sa place, car on le consultera comme un document exact de ce qui existait il y a quelques années.

Fanny LOVIOT.

VOYAGE

EN CALIFORNIE ET EN CHINE

CHAPITRE PREMIER

Départ du Havre. — Regrets de la vie parisienne. — Un banc de rochers. — Rio-Janeiro. — Le bétail humain. — Départ de Rio. — Six semaines en mer. — Le cap Horn. — Tempêtes. — Mort d'un matelot. — Pêche d'un requin. — Terre, terre ! — Le pays de l'or.

En l'année 1852, par une belle journée de printemps, je me rendais au Havre avec l'intention de m'embarquer pour la Californie. J'accompagnais ma sœur aînée, que des affaires commerciales et l'espoir d'une prompte fortune attiraient dans ce pays. Or, nous passâmes quelques jours en cette ville, et le

30 mai, jour de la Pentecôte, nous nous embarquâmes sur une petite goëlette qui avait nom *l'Indépendance*.

Outre le capitaine, l'armateur et l'équipage, notre navire emportait dix-huit passagers, la plupart maris et femmes, un tiers célibataires, et tous animés d'un désir de prospérité que l'on concevra facilement.

Au moment de mettre à la voile la foule encombrait le quai, et nous entendions les uns et les autres se récrier, non sans quelque effroi, sur la petitesse de notre goëlette. « Jamais, disaient-ils, elle ne pourra doubler le cap Horn; ce n'est qu'une coquille de noix que le moindre coup de vent fera chavirer, etc. » Qu'on juge de l'impression produite par de telles paroles sur des Parisiennes qui, comme ma sœur et moi, voyageaient pour la première fois; nous nous regardâmes avec quelque hésitation, mais il n'était plus temps.

Quelques minutes après, nous entendîmes la voix du capitaine qui criait : « Lâchez les amarres!... » Le grand sacrifice était accompli... Adieu nos amis, adieu France, adieu Paris, seconde patrie dans la patrie même... Adieu le confortable... les soins de la toilette, les spectacles... le sommeil tranquille... l'intérieur de famille; que sais-je? enfin, tout ce qui fait aimer la vie. Mais pendant cinq mois au moins rien qu'un hamac pour lit, pour plafond le ciel, pour plancher la mer; pas d'autre musique que le bruit des vagues et le chant rude des matelots. Nous allons chercher fortune; que trouverons-nous?

J'avais en perspective une rude et longue traversée ; au premier vacillement du navire, mon cœur se serra. Mille pensées diverses me traversaient l'esprit : c'était l'espoir et le regret qui combattaient en moi. Je m'accoudais sur le bastingage, et pour adieu à la France, comme dernier témoignage d'affection aux amis que nous laissions, et qui nous suivaient des yeux, j'agitais mon mouchoir, et je voyais peu à peu disparaître la jetée, puis la côte d'Ingouville avec ses maisons en amphithéâtre, Sainte-Adresse, devenue célèbre, grâce à Alphonse Karr, puis le cap la Hève, et ensuite plus rien que l'immensité.

Le passage du golfe de Gascogne (en plein pot au noir, comme disent les marins) ne s'effectua pas sans quelque danger pour nous. Nous voguions constamment au milieu de la pluie et du brouillard, placés entre un ciel gris et des lames énormes, et je supportai fort mal ce commencement de traversée. Le dimanche, qui était le septième jour après notre départ, j'essayai de sortir sur le pont ; nous longions toujours les côtes de l'Angleterre, et je pus encore apercevoir le phare du cap Lizard ; mes yeux fixaient avec peine cette lumière qui est le guide et l'espoir du voyageur en mer.

Après avoir bravement passé la Manche, nous atteignîmes les régions tropicales, et je ne me lassais point d'admirer la pureté du ciel et la splendeur de ses couchers de soleil, dont ni plumes ni pinceaux ne peuvent rendre l'imposante beauté. Un mois s'était passé, lorsqu'un jour, en plein midi et par un soleil ardent, quand l'espérance se lisait sur tous les visages, nous entendîmes un roulement semblable au bruit du tonnerre ; la mer était calme, on ne voyait pas un nuage au ciel, aucun navire en vue. Aussitôt, tout le monde fut sur le pont ; le même bruit continuait et chacun se regardait avec effroi ; le second, monté dans les haubans avec sa longue-vue, cria : « Rochers ! un banc de rochers ! — Vire de bord ! » répondit le capitaine ; il était temps. Heureusement pour nous, notre goëlette n'avait qu'une égratignure ; mais il faut dire, pour expliquer ce fait, que le vent soufflait mollement et que nous ne fîmes qu'effleurer les récifs.

Pendant la courte durée de cet incident, la plupart des femmes s'étaient évanouies, les autres poussaient des cris lamentables. Quant à moi, j'étais pétrifiée, et cependant je n'avais pas compris l'imminence du danger ; mais la figure du capitaine me sert de baromètre en mer, et je dois dire que ce jour-là le baromètre n'était pas rassurant. Ma pauvre sœur était verte d'épouvante. « Eh bien ! lui dis-je, toi qui désirais à notre départ une toute petite tempête comme échantillon, il ne faut pas désespérer, voici un assez joli commencement. »

Il avait huit jours que cet incident était passé lorsque nous aperçûmes les côtes du Brésil. Avec quelle joie nous découvrîmes la montagne que les marins appellent *Pain-de-Sucre*, et qui domine la baie. Je crois qu'il n'existe pas sous le ciel un plus admirable point de vue, et il est resté gravé dans ma mémoire en traits ineffaçables ; je crois voir encore ces collines boisées, ces anses solitaires, ces jolis vallons, ces arbres toujours verts, cette immense étendue d'eau salée, tout ce paysage merveilleux, tels qu'on croit rêver en les voyant.

L'entrée du port est défendue par plusieurs forts : celui de Santa-Cruz, bâti entre la montagne de Pico, et ceux de Villagagnon, de *ila das Cabras* (île des Serpents). Ces deux derniers forts, qui sont des plus imposants, sont construits sur deux îlots dans l'intérieur de la baie. A Rio-Janeiro, nous fûmes heureux de retrouver une partie des habitudes et des mœurs européennes.

Rio est, comme on le sait, une ville entièrement commerçante : le Havre, la Bourse, les marchés sont encombrés de marchands et de matelots ; la variété des costumes, le chant des nègres portant des fardeaux, le son des cloches, la physionomie diverse des Allemands, des Italiens venus là pour faire le négoce, tout contribue à donner à cette ville l'aspect le plus étrange.

Nous passâmes quinze jours au Brésil, nous les employâmes à visiter la ville et les environs. Les montagnes qui s'élèvent vers le nord-est sont en partie couvertes par de larges constructions. On y voit le collége des Jésuites, le couvent des Bénédictins, le palais épiscopal, le fort de Concéiado, et l'aqueduc qui amène l'eau des torrents du Corcavado jusque dans les fontaines de la cité. Le palais de Saint-Christophe, résidence de l'empereur, est orné d'un portique et de deux galeries de colonnes, et le *Passao public* est planté de mouryniers et de lauriers-roses (cours public). La rue la plus remarquable est la rue Ouvidor ; là sont les riches magasins dont les étalages rappellent un peu ceux de nos villes d'Europe. Je ne manquai point, en véritable femme, de m'occuper de la toilette des Brésiliennes. Quoique ces dames aient la prétention de suivre exactement les modes françaises, le goût portugais domine dans leurs ajustements, et la plupart d'entre elles sont si chargées de bijoux, qu'elles ressemblent à la montre d'un orfévre. Elles aiment avant tout ce qui se voit de loin. Du reste, assez jolies, quoique peut-être un peu trop pâle et d'une pâleur jaune. Les Brésiliennes sont volontiers familières et même coquettes avec les étrangers; leur nonchalance est extrême. Étendues une partie de la journée sur des canapés recouverts de nattes, elles dédaignent les soins du ménage. Quant à leur instruction, elle est complétement nulle; leur conversation n'est ordinairement qu'un commérage où leurs plaintes sur la race noire tient une large place. Il n'est pas rare de voir ces petites maîtresses, si indolentes, se secouer de leur torpeur pour enfoncer de longues aiguilles dans les bras ou dans le sein des négresses qui les servent. La société de Rio-Janeiro est divisée en coteries; quoique le jeune empereur du Brésil protége les sciences, les lettres et les arts, son peuple ne se préoccupe guère que de commerce et de gain; et, il y a peu de temps encore, un libraire de Paris, auquel je demandais quel genre de livres se vendait le mieux à Rio, me répondit que c'étaient les livres avec les reliures rouges. Quant au commerce, depuis qu'il est devenu indépendant de celui de la métropole, il a pris une extension prodigieuse : les sucres, les cafés, les cotons, le rhum, le tabac, etc., etc., et tous les articles d'exportation s'élèvent, dit-on, à plusieurs millions de piastres. Un jour, pour me rendre à l'hôtel que j'habitais, et dont j'ai eu l'ingratitude d'oublier le nom, quoiqu'on y mangeât une excellente cuisine française, je fus obligée de passer derrière le palais de l'empereur et je me reculai saisie d'épouvante : devant moi, derrière moi, à côté, partout des nègres, négresses et négrillons, tous hideux, les uns de vieillesse, les autres de misère ou de maladie; étendus au soleil et cherchant leur vermine. Vivant là comme un bétail humain, ils me regardaient avec un hébêtement qui me fit mal, car quinze jours au Brésil n'avaient pas suffi pour me faire considérer les nègres comme des animaux; et, de retour de mes voyages, je crois fermement encore qu'ils appartiennent à la race humaine.

Je visitai avec ravissement les environs de Rio, et je ne puis oublier dans mes excursions celle de Tijuca, où nous arrivâmes, par les plus délicieux sentiers, à la région verdoyante où se précipite la cascade; il nous fallut deux jours pour arriver là, mais nous fîmes halte dans une plantation où nous reçûmes le meilleur accueil. Le lendemain, au jour naissant, nous nous trouvâmes en face de la cascade sur laquelle le soleil reflétait mille teintes variées au milieu d'une enceinte de rochers. A ce beau spectacle, je dois dire à ma louange que je commençai à regretter un peu moins Paris et le boulevard des Italiens. J'avais bien vu jouer les grandes eaux de Versailles; mais, n'en déplaise à l'ombre de Louis XIV, je les trouvai dépassées.

Ce qui me plaisait moins, je l'avoue, c'était le voisinage dont on me parlait, les jaguars et autres bêtes qui peuplent ces vastes solitudes, et j'eusse mieux aimé admirer certains de ces animaux au Jardin des Plantes que de les rencontrer là.

Comme le temps paraissait favorable, le capitaine ayant fait de nouvelles provisions, nous quittâmes Rio-Janeiro. Je dois dire ici que sur dix-huit passagers, huit nous avaient abandonnés, les uns parce qu'ils avaient trouvé des emplois à leur convenance, les autres, le courage leur faisant faute au moment décisif, reculaient devant les hasards d'une aussi périlleuse traversée.

Le 7 juillet, nous remîmes à la voile pour la Californie. En voyant partir notre petite goëlette pour un si long voyage, les Brésiliens ne se montrèrent pas plus rassurants pour nous que les Havrais ne l'avaient été dans leurs prévisions. « Jamais, disaient-ils, la goëlette *l'Indépendance* ne pourra résister aux tempêtes inévitables du cap Horn. » Ma sœur m'engageait à ne pas continuer notre voyage ; mais je ne cédai point à ses craintes, que cependant je partageais intérieurement. Indépendamment du désir de faire fortune, je ne sais quel démon me poussait, malgré mon amour de la patrie, à m'en éloigner davantage et à rechercher des dangers tout en les craignant, j'étais fière d'avoir passé la ligne et je ne voulais pas rester en si beau chemin. Notre goëlette ne m'inspirait pas beaucoup de confiance ; mais il eût fallu payer un autre passage, et nous avions déjà dépensé beaucoup pour notre pacotille.

Nous passâmes plusieurs semaines avec le plus beau temps du monde. Nous étions cinq femmes à bord, nous causions, nous brodions, nous jouions au loto comme dans notre chambre. Le soir, nous nous réunissions tous sur le pont, et l'on chantait, quelquefois faux, il est vrai, mais en mer on n'est pas difficile ; puis, d'ailleurs, c'étaient souvent des chœurs, des airs français, et loin d'elle, tout ce qui rappelle la patrie est bien venu.

Une seule chose passablement essentielle venait parfois assombrir nos chants. C'était notre nourriture, qui était bien des plus détestable. Depuis longtemps déjà mon estomac était fatigué de viande de conserve, de soupe aux choux sans beurre et de morue à moitié pourrie. Ces détails-là manquent de poésie, mais ils ne manquent pas de vérité. Les vivres sont excellents sur les steamers qui relâchent souvent et qui ont du bétail à bord ; mais sur les navires marchands, tels que notre pauvre *Indépendance*, on ne donne trop souvent au passager qu'une nourriture insuffisante et malsaine.

Notre cuisinier, qui se livrait agréablement à la boisson malgré les invectives et les coups qu'il recevait, ne faisait pas le moindre progrès, il semblait confier au hasard le soin de sa cuisine, plusieurs fois le capitaine l'avait menacé des châtiments les plus sévères, mais il était incorrigible ; en outre, il n'ignorait pas qu'on ne pouvait le destituer de ses hautes fonctions culinaires, d'où dépendait le sort de nos estomacs.

Chaque jour qui s'écoulait glissait dans nos cœurs les craintes les plus vives, car nous étions à la veille d'affronter ce redoutable cap Horn. Le temps commençait à se refroidir, et la mer, plus grosse, ne nous berçait plus, mais nous secouait; alors plus de broderie, plus de loto, plus de chant: nous subissions tous les inconvénients d'un voyage maritime. On ne voyait que des visages jaunes, terreux, renfrognés; on n'entendait que plaintes et gémissements; nous ne courions alors nul danger, mais nous subissions deux fléaux cruels: le mal de mer et l'ennui. Enfin, nous l'aperçûmes ce cap tout couvert de glaces, et malgré moi, je pensais aux sinistres prédictions faites depuis le départ; mais, à mon grand étonnement, plus nous en approchions et plus la mer devenait calme; nous eûmes même un calme plat. Nous restâmes quarante-huit heures sans bouger de place. Mais, hélas, c'était le précurseur d'une tempête des plus violentes. Les vents soufflent avec une telle impétuosités dans ces parages qu'en un moment la mer souleva des vagues plus hautes que des montagnes, et ces flots écumants battaient sans merci de tous côtés à la fois les flancs de notre fragile goëlette. Ce passage fut des plus terribles! Le capitaine, dès le début fit carguer précipitamment les voiles. Dans cette manœuvre, un jeune matelot, monté sur la grande vergue, fut emporté par une rafale ; on ne s'en aperçut que lorsqu'il ne fut plus temps de lui porter secours. J'entends encore la voix du capitaine appelant et comptant ses matelots : « Jacques, Pierre, André, Remy, Christian, Robert, où êtes-vous ?... — Présents. — Et Jean-Marie, Jean-Marie ! » et toutes ces rudes voix qui criaient : « Jean-Marie! » Jean-Marie ne répondit pas, il avait disparu ; sur huit hommes d'équipage, nous en avions perdu un. Le pauvre Jean-Marie était le charpentier du bord. C'était son premier voyage ; il devait, à son retour, se marier ; mais il avait épousé la mort. Personne ne dormit à bord cette nuit-là. On avait raison, pensais-je, c'est un lieu dangereux et funèbre que le cap Horn. La mer mugissante et le vent qui ne cessait de souffler formaient un lugubre accompagnement à ces sombres pensées. Nous restâmes ainsi douze jours en panne ; puis, nous doublâmes le cap ; bientôt après la chaleur revint, et nous repassâmes la ligne pour la seconde fois. Notre navigation dans les mers du Mexique et du Pérou fut assez heureuse. Jusqu'alors nous avions conservé l'espoir que notre capitaine ferait une relâche à Lima, mais il n'en fit rien.

Les vivres devenaient de plus en plus rares, tout le monde se plaignait de l'armateur ; on calculait qu'il nous fallait huit ou dix jours avant d'arriver à San Francisco. Si un mauvais temps nous retardait, nous étions exposés à mourir de faim ; toutes les physionomies étaient rembrunies. Je commençais à regretter de n'avoir pas cédé aux craintes de ma sœur. Sur ces entrefaites, on pêcha un requin ; il était d'une telle grosseur qu'après l'avoir harponné et hissé sur le pont, je ne pus m'empêcher de me sauver tout effrayée ; mais aussitôt, nos matelots, armés de leurs couteaux, s'élancèrent sur lui et le dépecèrent ; il passa ainsi morceau par morceau dans les mains de notre abominable cuisinier, qui l'assaisonna à différentes sauces et nous en fit manger pendant trois jours consécutifs ; c'est horrible à avouer, mais cela parut bon presque à tout le monde, tellement, depuis longtemps déjà, on souffrait des privations de toute sorte ; il n'y eut que le capitaine et deux matelots qui refusèrent d'y toucher. Ce refus venait, non de dégoût, mais d'une sorte de superstition ; les matelots n'aiment pas manger le requin, s'imaginant qu'un jour ou l'autre ils peuvent tomber sous la dent d'un de ces monstres.

S'il est une jouissance inconnue aux gens de loisirs, dont la seule ambition est de les connaître toutes, sans sortir des habitudes où s'écoule leur vie nonchalante; s'il est une félicité qu'ignorent ces sybarites des grandes villes, ces chercheurs d'or dans les placers du bonheur, qui veulent épuiser les joies de ce monde sans risquer leur existence, c'est cette joie immense, ineffable, qui emplit le cœur, lorsqu'on touche au terme d'un long voyage. Il faut avoir passé six mois de sa vie entre le ciel et l'eau, en butte aux tempêtes, aux naufrages, aux incendies, pour comprendre le délire qui s'empare de tous, quand un matelot, monté dans les vergues, d'où il contemple l'horizon, prononce ces mots magiques : « Terre! terre! » Tout le monde se précipite sur le pont, les hommes relèvent la tête avec orgueil, leur physionomie semble dire : « Malgré la distance et les dangers, rien n'a pu m'empêcher d'atteindre mon but. » Les femmes pleurent, car, chez elles, toute émotion de joie ou de peine se traduit ainsi. A la vue de San-

Francisco, tous les passagers de notre goëlette, oubliant les souffrances d'une longue traversée, se reprirent à espérer la fortune, ainsi qu'ils l'avaient fait au départ; ma sœur et moi nous fîmes comme eux, et le présent se colora pour nous de rêves d'avenir. Pauvre France! tu fus alors oubliée, et nous tendîmes les bras à cette terre inhospitalière dont l'or est le dieu véritable.

CHAPITRE II

La baie de San-Francisco. — Navires abandonnés. — La Mission Dolorès. — Mœurs des Chinois émigrés. — La race noire. — Les habitués de Jackson street. — Maisons des jeux. — La bande noire. — Comité de vigilance. — La pendaison.

Le 21 novembre 1852, nous distinguâmes les petits îlots nommés *Farellones*, qui sont devant le goulet de la baie de San-Francisco, et la pointe Bonetta, qui s'avance à gauche, à une assez grande distance dans la mer. A cet endroit, un pilote monta à bord de notre goëlette pour lui faciliter l'entrée du goulet qui est très-étroit et n'a guère plus d'un demi-mille de largeur. Les rochers escarpés et les collines de sable, couvertes de broussailles qui bordent le rivage, se dessinaient à nos regards; un magnifique spectacle vint alors nous frapper; à mesure que nous avancions, nous découvrions des navires de toutes nations avec leurs pavillons de différentes couleurs, pressés les uns contre les autres, comme pour attester l'importance de cette cité moderne. Mais l'œil se fixait bientôt avec étonnement sur les bas-côtés. Là, gisaient pêle-mêle des navires dont les flancs tombaient en ruine; les pavillons, aux couleurs effacées, pendaient comme des loques au milieu des vergues brisées; les ponts étaient effondrés, et la mousse poussait déjà entre les planches désunies; ils étaient depuis longtemps abandonnés par les équipages, qui, à peine débarqués, avaient fui vers les placers, en proie à la soif effrénée de l'or ; ils offraient aux nouveaux venus un triste exemple des désastres que l'amour insatiable des richesses peut causer.

La Californie faisait autrefois partie du Mexique. En 1846, les Américains, après une guerre qui dura un an, la soumirent et l'annexèrent aux États de l'Union. Deux ans plus tard, le capitaine Sutter faisait surgir du sein de cette terre aurifère le premier lingot qui devait attirer l'attention, et le déplacement de plusieurs millions d'âmes.

Avant la découverte des mines d'or, San-Francisco

était un port de relâche pour les navires baleiniers qui venaient s'y radouber et y prendre des provisions. Les rapports des marins du continent européen avec les Indiens se bornaient à des échanges de peaux. Il y a plus d'un demi-siècle, des missionnaires espagnols arrivèrent dans ce pays et construisirent, à plusieurs milles du rivage, parmi les huttes d'Indiens, une petite église nommée la *Mission Dolorès,* et qui existe encore aujourd'hui. Lorsque les solitudes de la Californie furent envahies par les Américains et les Européens qu'attirait la récente découverte des mines d'or, ce lieu désert, où la foi religieuse avait seule pénétré, devint un des lieux les plus fréquentés par les habitants de San-Francisco. On traça une belle route, des établissements de toutes sortes s'élevèrent, comme par enchantement, autour de la modeste chapelle, et le chemin de la Mission est devenu l'une des plus brillantes promenades de la ville.

A l'époque de mon arrivée (novembre 1852), San-Francisco présentait encore un aspect bien bizarre, avec ses rues sablonneuses, ses trottoirs en planches et beaucoup de ses maisons construites en bois, en fer et en briques. Du reste, l'activité la plus grande y régnait partout, et, ce qui me frappa tout d'abord, ce fut le va-et-vient de cette population composée d'hommes et de femmes de races et de couleurs différentes, revêtus de leurs costumes nationaux. On coudoyait à chaque instant les hommes de l'ouest et de l'est de l'Amérique, les Indiens des îles Havaï ou Sandwich et de Taïti, les Européens de toutes les parties du continent. Les émigrations ayant été très-fréquentes pendant les années qui précédèrent mon arrivée, la population avait considérablement augmenté, et San-Francisco pouvait alors contenir environ soixante mille âmes.

Mais cette ville allait de jour en jour changer de physionomie : des constructions en pierre commençaient à s'élever; Montgommery street, une des plus belles rues, était pavée et laissait voir de superbes maisons; des magasins, des cafés, des hôtels magnifiques, étincelaient, le soir, aux lumières, et, en voyant la foule sortir de *Metropolitan-Theater*, qui est dans cette rue, l'on ne pouvait s'imaginer que, six ans auparavant, les Indiens chassaient à cette même place, avec le *lasso*, les bœufs et les chevaux sauvages.

Et pourtant San-Francisco a été détruit au moins six fois par des incendies; les plus considérables furent ceux de 1852. Mais la prodigieuse rapidité avec laquelle on reconstruisait de la veille au lendemain laissait à peine de trace.

La vie matérielle commençait à y devenir un peu moins chère que par le passé; on pouvait trouver une chambre meublée pour 40 piastres (une piastre vaut 5 francs), ce qui était une remarquable diminution sur les premières années, où des boutiques s'étaient louées 100, 200 et jusqu'à 600 piastres par mois, contenant deux pièces de dix-huit ou quatorze pieds de long sur onze de large. La viande, et surtout le gibier, étaient à meilleur marché; le mouton s'était vendu jusqu'à 1 piastre la livre, et le veau une demi-piastre. Le lait avait coûté 1 piastre la bouteille, puis 4 réaux, 2 fr. 50; 2 réaux, 1 fr. 25; 1 réal, 60 centimes. Les légumes s'étaient vendus à des prix exorbitants en raison de leur rareté même; une livre de pommes de terre n'avait pu s'obtenir que moyennant 2 réaux; les œufs avaient coûté jusqu'à 6 piastres la douzaine, et se vendaient encore 3 piastres. Le linge, pour le blanchissage d'une douzaine de pièces, 5 piastres; une bouteille de champagne, 5 piastres. Les décrotteurs en plein vent, pour cirer une paire de bottes, 4 réaux ; en revanche, le saumon se vendait sur tous les marchés à 1 réal la livre ; enfin, à San-Francisco, dans les commencements de son existence, 1 piastre suffisait à peine pour le plus simple repas dépourvu de vin.

Une partie de cette population est originaire de la Chine ; si je mentionne en premier les émigrés chinois, c'est que leurs établissements, au milieu de gens d'un autre pays que le leur, présentent un fait curieux par lui-même. On connaît en effet leur répugnance à entretenir des relations avec les autres peuples. Bien que leur génie industrieux, patient et persévérant les poussât vers cette terre jeune et féconde, qu'ils se savaient impuissants à conquérir, ils avaient néanmoins emporté avec eux les instincts insociables et particuliers à leur race ; aussi, pour ne pas frayer avec les Européens, s'étaient-ils relégués principalement dans un quartier spécial; Sacramento street est le centre de leurs habitations et conserve complétement la physionomie d'une place de Canton ou de toute autre ville chinoise. Leur commerce se compose exclusivement des produits et denrées qu'ils importent de leur pays, et, dans Dupont street, ils ont des maisons où des tables de jeux sont dressées pour exciter la passion de ceux de leurs compatriotes qui veulent tenter la fortune.

Ils ont aussi un théâtre, mais un vrai théâtre (en planches bien entendu), où ils représentent des pièces chinoises, leurs sujets sont d'une singularité telle, qu'il serait bien difficile d'en faire la plus légère description. Ce sont des cris, des grimaces, des contorsions qui vous surprennent et vous donnent à chaque instant l'envie d'un fou rire. Les femmes sont généralement exclues de ces troupes artistiques. L'emploi des ingénues et autres est confié à de jeunes garçons ; il faut leur accorder cependant qu'ils déploient la plus grande richesse dans leurs costumes, on ne les évalue pas à moins de cinquante à soixante mille piastres.

Une autre population non moins bizarre se fait encore remarquer à San-Francisco ; ce sont les noirs. Ainsi que les Chinois, ils se sont réunis comme les membres d'une grande famille, et ils habitent un côté de Kearney street ; mais les motifs qui les ont fait ainsi s'agglomérer sont différents ; l'antipathie des Américains à l'égard des nègres est connue et peu dissimulée ; le mépris qu'ils leur témoignent a naturellement porté ces derniers, par les besoins d'une commune défense, à se réunir entre eux et à ne gêner en rien leurs oppresseurs. La haine réciproque des deux races qui, chez l'une, est timide, et, chez l'autre, arrogante, se traduit par l'absence presque complète de relations. Les noirs sont exclus de tout établissement public fréquenté par leurs tyrans, tels que les restaurants, les cafés, les théâtres ; aussi n'ont-ils d'autres moyens de montrer leur goût pour la toilette qu'en se promenant dans les rues, les doigts chargés de bagues, avec des cravates de soie éblouissantes, et dont la couleur tendre tranche ridiculement avec leur teint d'ébène ; on en rencontre çà et là qui s'étudient à imiter les manières d'un gentleman, et vous les voyez préoccupés du lustre de leurs chaussures et s'efforçant à paraître des dandys parfaits. Tous les efforts de Mme Beecher-Stowe n'ont pu encore les réhabiliter dans l'esprit des citoyens des États-Unis, auxquels semblent parfaitement ridicules les sympathies de cette femme généreuse pour la race noire ; et bien que, sur le sol libre, les droits de l'homme leur soient concédés, leur infériorité sociale est assez marquée pour leur faire sentir qu'ils n'ont encore véritablement gagné qu'une chose qui, du reste, a bien son prix, la suppression des coups de fouet. Comme les Chinois, ils ont ouvert, pour eux seuls des restaurants, des cafés, des maisons de jeux, et la plupart exercent la profession de coiffeur.

Le restant de la population se compose d'Américains, Français, Anglais, Allemands, Hollandais, Mexicains, Chiliens, etc., etc.

Jackson street est l'une des rues de San-Francisco la plus curieuse à voir; elle a gardé, dans toute sa longueur, les constructions primitives en bois, et ses habitants ont cela de particulier, qu'ils tiennent presque tous des restaurants-buffets, connus dans le pays sous la dénomination de *bar*. C'est surtout le soir, à la clarté du gaz, que ces établissements présentent un coup d'œil extraordinaire; les mineurs, après une tournée heureuse dans les placers, viennent s'y réunir et s'y délasser de leur pénible labeur : cet assemblage de gens de différents pays offre le spectacle le plus étrange; c'est un tumulte de voix parlant plusieurs langues, une variété de costumes impossibles à décrire. Les Mexicaines, les Péruviennes, les Chiliennes, les Négresses et les Chinoises, revêtues de robes à falbalas, sont confondues avec ces hommes qui boivent ou dansent, en poussant de grands cris de joie et avec force trépignements de pieds, au son d'une musique infernale. Pour peu que vous vous arrêtiez devant la porte d'un de ces bouges de plaisirs, à contempler ces réunions grossières et burlesques, vous ne tardez pas à être témoin d'une querelle terrible qui s'élève comme une bourrasque à la suite d'un éclat de rire; de même que l'éclair précède le coup de tonnerre, la mêlée devient bientôt générale, et vous n'avez que le temps de vous sauver, car le quartier est troublé pour toute la soirée ; le sang coulera à la suite d'un formidable combat au couteau et au révolver, dans lequel de nombreuses victimes sont laissées sur le pavé.

Les maisons de jeux sont en très-grand nombre à San-Francisco. C'est là encore qu'il est curieux d'observer cette population. Je visitai l'intérieur de ces établissements et je pus voir, à la lumière des lustres de cristal, le contraste de toutes ces figures blanches et bronzées: le mélange de ces sociétés avait réellement un cachet des plus bizarres. Ainsi, autour de plusieurs rangs de tables tenues par des banquiers, et devant lesquelles étaient amoncelées des piles d'or, de monnaies et de lingots, se coudoyaient, se pressaient, se bousculaient, armés comme des corsaires ou des brigands calabrais, gentlemen, mineurs et matelots. Chacun pris dans la foule avait son type; mais ce qu'on remarquait avec étonnement, c'est que la plupart, dans ces réunions, suivaient un enjeu quelquefois considérable sans qu'aucune passion réelle se lût sur leur physionomie, tant il est vrai que l'or, en ces temps de bonne moisson, avait peu de prix aux yeux de ces hommes. Lorsque ces maisons commencèrent à s'ouvrir, au moment où la fièvre de l'or régnait dans toute sa force, le jeu engendrait souvent des rixes violentes, et plus d'une fois, les joueurs trop heureux n'y reçurent pour payement que la balle d'un pistolet logée dans leur cervelle.

Il fut longtemps question de fermer ces maisons; mais comme le gouvernement percevait des sommes énormes de celles qu'il tolérait ; on conçoit que ces apparences de morale soient longtemps restées à l'état de projet.

Les jeux sont variés ; ainsi les Mexicains jouent principalement au *monte*, les Français, au *trente et quarante*, à la *roulette*, au *vingt-et-un*, au *lansquenet*, et les Américains, au *pharaon*. Je ne puis oublier la physionomie des individus qui, avec la foule des joueurs, composent le personnel de ces maisons ; le *gambler* occupe le premier rang ; c'est, autrement dit, le banquier de la table, il la tient pour son compte ou pour celui d'un autre ; dans ce dernier cas, il peut gagner de huit à douze dollars par soirée ; vient ensuite le paillasse, chaque table en a toujours à ses gages un ou deux ; on les voit jouer sans discontinuer pour mettre la partie en train et amorcer les visiteurs ; ils gagnent quatre à cinq dollars par jour. Les ramasseurs de morts méritent aussi d'être cités ; ils sont en majeure partie Américains, et cette dénomination leur vient de ce qu'ils s'emparent des pièces qu'un joueur favorisé par la chance aurait laissées par inadvertance sur la table. Ces ramasseurs suivent d'un œil vigilant chaque coup de la partie, et lorsque le banquier annonce une nouvelle séance, si une pièce semble oubliée ou laissée sur le tapis, une seconde seulement, par un joueur distrait, un bras s'allonge vivement dans la foule et va saisir cette pièce, qui passe rapidement de la main au gousset. Les maisons de jeux foisonnent de ces individus, vivant de la sorte, au jour le jour; ils emploient mille stratagèmes pour détourner l'attention d'un novice qui veut tenter la fortune : c'est la plaie des joueurs non expérimentés; mais il arrive souvent que des rixes terribles sont la suite de leur fraude éhontée, car un joueur s'apercevant qu'il a été volé, dans un accès violent, tuera comme un chien un de ces impudents fripons.

Toutes ces maisons sont pourvues de bons orchestres, dont l'harmonie fait une agréable diversion avec le son de l'or.

Il est aussi une classe d'individus très-redoutée de la population, et qui infestent ces lieux de leur présence comme tout autre endroit public. Je veux parler des hommes connus sous le nom de la *Bande noire;* ils forment une société d'escrocs américains. Ce sont des voleurs émérites, fort bien vêtus, exerçant avec la plus complète impunité leur astucieux métier; s'ils entrent dans un de ces établissements, ce n'est pas pour perdre leur temps à tenter la fortune ; ils trouvent plus commode de s'emparer de l'or répandu sur les tables et d'opérer ensuite leur retraite, avec le plus grand sang-froid. Les spectateurs et le personnel des gamblers sont foudroyés par tant de hardiesse, mais personne n'ose prendre au collet ces audacieux voleurs. Ces délits sont déjà depuis longtemps consacrés par la tradition, et le gouvernement local et la police sont encore dans un tel état d'enfance, que cette violence d'un petit nombre est tolérée ; mais les méfaits scandaleux commis par les hommes de la Bande noire seraient trop nombreux à relater ici, s'il fallait en faire un récit complet ; il suffira de dire que les policemen les laissaient agir dès qu'ils s'étaient fait reconnaître à eux. Chaque jour un commerçant avait à déplorer des pertes que plusieurs de ces coquins lui avaient fait subir. S'avisait-il de porter plainte ? — ces voleurs cassaient, brisaient tout chez lui, enfin mettaient sa maison en ruine. Ils mangeaient de leur autorité privée dans les restaurants, buvaient, consommaient dans tous ces endroits publics, avec l'audace qui leur était connue; ils troublaient les réunions par toute sorte d'extravagances, et, bien que leurs excès eussent cependant diminué d'une manière sensible depuis les premiers temps, il n'existait encore, en 1852, aucun pouvoir régulier qui pût sévir contre eux.

A notre arrivée à San-Francisco, nous avions loué, ma sœur et moi, dans Montgomery-street, une petite chambre meublée que l'on nous fit payer trois cents francs par mois, ce qui nous semblait assez cher, attendu que l'eau y filtrait le long des murs et inondait notre lit en temps de pluie. Nous crûmes d'abord que la vue dont nous jouissions compenserait un peu la cherté du prix, car cette vue s'étendait sur la plus grande partie de la ville et des montagnes environnantes; mais peu de jours après, nous nous aperçûmes que nos fenêtres faisaient face à la maison d'un boulanger choisi par le comité de vigilance pour y établir son tribunal. Une corde enroulée sur une poulie fixée au premier étage était l'emblème de cette Thémis simple et sommaire, connue sous le nom de loi de *Lynch*. Un matin que je m'étais éveillée de bonne heure, je m'approchai de celle de mes fenêtres qui donnait sur la rue, et j'allais l'ouvrir lorsque mes yeux s'arrêtèrent avec effroi sur la maison qui me faisait face : deux hommes étaient montés sur des échelles et s'occupaient à la hâte de fixer à la poulie dont j'ai parlé une corde neuve et démesurément longue. Je ne devinai que trop la scène terrible qui allait se passer. A ce moment, des rumeurs lointaines commençaient à se faire entendre. Ne voulant pas être spectatrice de cette exécution, j'entraînai ma sœur, et nous sortîmes de la maison par une porte de derrière; un quart d'heure après nous étions dans la campagne : nous passâmes la journée chez des amis. Je sus bientôt que le coupable que la foule entraînait à grands cris était un Espagnol accusé d'assassinat. Ce tableau funèbre me fit une impression si horrible que ce jour même je m'occupai d'un autre logement. Cette terrible loi de Lynch, dont j'étais peu soucieuse de voir les fréquentes rigueurs, doit son nom à un individu nommé Lynch, qui en fut la première victime. On concevra facilement quelles fatales et nombreuses erreurs doit entraîner cet exercice illégal de la justice.

CHAPITRE III

Sacramento. — Le fort-Sutter. — Indiens nomades. — Mary's-ville. — Shasta-City. — Rencontre d'un ours. — Weaverville. — Les mineurs. — Les montagnes Rocheuses. — Yreka. — Retour à San-Francisco.

Après une année passée à San-Francisco, je voulus voir l'intérieur de la Californie; je commençai par visiter Sacramento, qui est construite sur la rive gauche du fleuve; cette ville de second ordre comptait déjà à cette époque de vingt à trente mille âmes. L'importance de son commerce est considérable; c'est l'entrepôt où s'écoulent les deux tiers des marchandises qui débarquent à San-Francisco. Comme cette dernière, Sacramento est bâtie moitié en briques, moité en planches. Mais son climat est tout différent. Les chaleurs y sont plus fortes ; ses alentours, rendus marécageux par suite du débordement de la rivière, produisent de terribles fièvres ; à l'époque de la crue des eaux, ces plaines fertiles ressemblent à d'immenses lacs. Les chercheurs d'or firent d'abord irruption dans cette contrée malsaine, et beaucoup y trouvèrent la mort; aussi fut-elle abandonnée après les premières fouilles, qui seules furent productives.

Lorsqu'on veut se rendre à Mary's-ville sans remonter la rivière, on prend une diligence ; elles sont assez bien suspendues, mais ces routes sont si mauvaises, que les cahots sont fréquents. A vingt milles du chemin, l'on aperçoit le fort *Sutter* gardé par une tribu d'Indiens. Ces bandes nomades sont curieuses à observer; lorsque, par les fenêtres d'une diligence, on les voit s'avancer en troupeaux à travers les plaines, le contraste entre la vie sauvage et la vie civilisée fait que vous examinez avec plus d'intérêt leur bizarre accoutrement. Dans une halte que nous fîmes, j'eus l'occasion d'approcher de ces Indiens, et ce ne fut pas sans curiosité que je détaillai quelques-unes de leurs physionomies. La plupart d'entre eux n'expriment aucune intelligence; ils ont le teint d'un jaune foncé, un front bas, le nez plat, des cheveux noirs et abondants qui descendent presque à la naissance des sourcils; les yeux un peu ronds et noirs, et leur regard, quand il n'est pas empreint de mécontentement, a l'expression étonnée du regard de l'enfant. Leur costume se compose de peaux de bêtes et de morceaux d'étoffes voyantes à dessins bizarres; ils portent en outre des vêtements qu'ils ramassent sur les chemins, et presque tous se couvrent de ces débris de la manière la plus grotesque; leurs bras et leur cou sont chargés de colliers, de bracelets, de coquillages, de verroteries, et jusqu'à des boutons, enfilés dans des bouts de ficelle; ils sont, du reste, malgré leur goût pour les ornements, d'une saleté répugnante. Ils habitent des huttes qui ont la forme d'un dôme; elles sont bâties avec de la terre et des branches d'arbres: une seule ouverture carrée et basse les laisse pénétrer à l'intérieur en rampant sur leurs genoux. Ils vivent là pêle-mêle, hommes, femmes, enfants et chiens, se nourrissant du produit de leurs chasses et de poissons, entre autres, de saumons pêchés dans la rivière de la *Trinité;* ils les font sécher pour leur saison d'hiver.

Ces Indiens ne mangent pas de viande fraîche ; ils attendent qu'elle soit corrompue pour la faire cuire ; ils préparent leur pain avec des glands de chêne ; ces glands sont d'abord séchés et mis en poudre ; ils font ensuite une pâte qu'ils cuisent simplement dans l'eau ; ils mêlent aussi à leur nourriture des sauterelles et quantité d'insectes.

On rencontre aussi sur la route qui mène à Mary's-ville, de ces indigènes que l'irruption des peuples civilisés a refoulés avec leurs instincts sauvages vers les régions désertes ; cependant, bon nombre d'entre eux, attirés par la curiosité et cet amour du lucre qui est commun à la race humaine, ont fini par pénétrer dans les villes et se mettre en relation avec les nouveaux venus qui, insensiblement, les ont amenés à travailler dans les *ranchos* (fermes). D'autres sont restés en guerre ouverte, et des expéditions américaines ont été dirigées contre eux dans les reconnaissances qui étaient faites de certains points inexplorés du sol californien.

Au bout de huit heures de trajet, on arrive à

Mary's-ville, après avoir subi bien des fatigues sur les mauvais chemins qui y conduisent et avoir passé à gué plusieurs rivières.

Mary's-ville est construite en bois, sauf quelques maisons qui sont en briques ; elle est située sur les bords verdoyants de la *Yuba;* mais, sur ces rives enchantées, la chaleur est plus accablante et les fièvres sont plus terribles encore qu'à Sacramento ; cette ville offre l'aspect d'un immense bazar destiné à alimenter les placers et les petits villages environnants.

C'est dans cette ville que m'arriva une aventure qui faillit me coûter la vie, à l'hôtel même où la diligence descendait tous les voyageurs. Nous étions à dîner, ma sœur, une autre dame et son mari ; notre repas terminé, nous nous apprêtions à quitter la maison, lorsque nous entendîmes un affreux tapage; le maître de l'établissement, interrogé sur la cause de ce bruit, nous répondit qu'il était produit par une réunion de gentlemen de la ville. Comme nous étions au fait des mœurs américaines, la chose ne nous surprit en aucune façon ; seulement, nous hâtâmes nos préparatifs de départ, afin de pouvoir nous échapper avant que les manifestations bachiques de ces messieurs se fussent produites plus à découvert, et afin aussi de profiter d'un clair de lune superbe pour nous remettre en marche ; il n'y avait pas de temps à perdre, car déjà un bruit formidable d'assiettes et de verres brisés présageait une de ces redoutables fins de repas américains bien capables, certes, de désespérer les sociétés de tempérance; mais la bonne intention que nous avions de ne pas sortir sans payer nous porta malheur. Au moment où le maître de l'hôtel nous rendait notre monnaie, l'escalier qui conduisait à la pièce où se donnait le repas retentit du bruit de gens avinés qui roulaient plutôt qu'ils ne descendaient, au milieu d'un grand tumulte de cris et de vociférations. Nous cherchâmes à nous esquiver précipitamment, mais alors une mêlée s'engagea entre ces hommes armés de revolvers, et je me trouvai, sans trop savoir comment, séparée de mes compagnons. Au même instant, un coup de feu retentit, et le sifflement d'une balle vient effleurer ma chevelure; chacun de se sauver, de fuir dans toutes les directions, je veux fuir comme tout le monde, mais au moment de franchir le seuil de la porte, un nouveau coup de feu succède au premier, il vient frapper un individu qui tombe devant moi; effrayée à juste titre, je sors en courant, et ne sachant au juste où je dirigeais mes pas, au point que je fus quelque temps à retrouver mes amis. Ils étaient dans la plus grande inquiétude; ils me croyaient blessée, mais, Dieu merci, j'en était quitte pour la peur. Nous apprîmes bientôt que le meurtrier, dans son ivresse, avait ajusté un individu de sa bande, lequel s'était esquivé du côté où je me trouvais; le premier coup dirigé sur lui avait failli m'atteindre, et le second n'avait pu être évité par ce malheureux, qui avait reçu la balle dans l'aisselle gauche.

Le costume d'homme dont j'étais revêtue et la nuit presque noire où nous étions avaient contribué à tromper l'assassin; enfin, je l'avais échappé belle! Peut-être n'est-il pas hors de propos de donner la description du costume que je portais dans ces excursions et d'expliquer pourquoi je l'avais adopté. Il se composait d'un feutre gris de forme légère, d'un paletot de voyage proportionné à ma taille, de bottes à l'écuyère : telle est la mode en Californie. A ces bottes était adaptée une paire d'éperons à la mexicaine pour les mules dont on sert fréquemment dans le pays ; puis, des gants de daim et une ceinture en cuir pour mettre l'or, et dans laquelle était passé un poignard. Ce costume, assez pittoresque pour une femme, lui est de toute nécessité dans ces voyages à travers des contrées abruptes ; il lui laisse, dans un moment de danger, une plus grande liberté de mouvement qu'elle n'en aurait sous des habits habituels. Jusqu'alors, je n'avais eu qu'à me louer de cette idée de dissimuler mon sexe ; mais cette fois, il faut l'avouer, j'avais failli être punie bien sévèrement de ma témérité.

Comme on a pu en juger par le récit qui précède, l'ivresse, chez les Américains, offre les caractères de la folie la plus furieuse ; dans leurs excès d'intempérance, ils dédaignent le vin ; l'abus qu'ils font de l'eau de vie, du wiskey, du genièvre, de l'absinthe et des autres liqueurs fortes, produit chez eux cette exaltation de forcenés qui les rend si dangereux. Les vapeurs alcooliques qui leur montent au cerveau y font presque toujours germer des idées sanguinaires, et il n'est pas rare de voir des hommes d'un naturel paisible, dès que l'ivresse s'en est emparée, commettre des meurtres qui leur feraient horreur s'ils avaient leur raison.

Shasta-City, en se dirigeant vers le Nord, est une des plus petites villes de la Californie; elle est moins étendue que certains villages de la France; elle n'a à proprement parler, qu'une seule rue qui la traverse dans toute sa longueur, composée de chaque côté de maisons en bois, située à quelque distance de la *Sierra-Nevada*. Elle approvisionnait autrefois les riches placers environnants qui se sont, comme dans certaines parties de la Californie, vite épuisés; mais elle est restée un lieu de passage important par sa situation, c'est là que s'arrête le parcours des diligences, et, si l'on veut pousser au delà, on peut louer à *Shasta-City* ou acheter des mules qui vous transportent, avec vos bagages, à travers les petits chemins sinueux des montagnes.

Notre passage en cette ville devait être signalé par un de ces sinistres si communs en Californie: à peine arrivés, nous fûmes témoins d'un immense incendie qui dévora, en moins d'une heure, la plus grande partie de la ville, et au moment de notre départ, nous eûmes le spectacle, encore plus triste, de voir les malheureux habitants qui cherchaient, au milieu des ruines fumantes, le moindre vestige de leurs biens.

Lorsqu'on a quitté *Shasta-City*, en remontant vers le nord, comme pour gagner *l'Orégon*, on traverse une contrée montagneuse qui sert de repaire à d'énormes ours couleur fauve ; l'un d'eux me causa une frayeur dont je me souviendrai toujours. Je m'étais attardée à la suite de mes compagnons; la mule qui me portait avait insensiblement ralenti son pas, et je ne songeais nullement à activer sa marche, me laissant aller à une somnolence causée par la fatigue et l'extrême chaleur du jour; tout à coup, j'aperçus à vingt pas de moi un ours de haute taille qui débouchait d'un fourré en balançant sa tête avec une tranquille assurance ; il semblait vouloir traverser la route où je cheminais. Ma frayeur fut telle en découvrant cet animal, que je ne pus même pas pousser un cri d'alarme ; les rênes s'échappèrent de mes mains, mes yeux se fixèrent sur ceux de l'ours avec stupeur; le sang me monta au cerveau, et je restai comme frappée de paralysie; mais il se contenta de se rouler au milieu du chemin sans même daigner prendre garde à moi et à ma monture, qui trahissait pourtant notre présence par le bruit de ses clochettes. J'arrivais heureusement à un coude que faisait la route et qui permettait d'apercevoir mes compagnons; leur vue me réveilla en me rendant quelque courage, et, sans plus me fier à l'apparente générosité de l'hôte des montagnes, j'enfonçai mes éperons dans les flancs de ma mule, et j'eus bientôt rejoint mes amis, auxquels je fis le récit de cette courte mais poignante impression de voyage. Et maintenant que j'écris ces lignes, je suis portée à croire que ce cruel animal avait dû faire un copieux déjeuner, puisqu'il laissait échapper la belle occasion de me dévorer. Quelques personnes verront sans doute dans sa manière d'agir à mon égard le fait d'un animal repu de sang, mais la reconnaissance me fait un devoir de ne pas passer sous silence sa généreuse conduite.

Avant d'arriver à Weaverville, où nous avions le dessein de faire une halte, on rencontre la rivière de la Trinité, sur les bords de laquelle s'étaient engagés de terribles combats lorsqu'il fallut repousser les Indiens et devenir maître des travaux qui devaient bientôt bouleverser le pays en tout sens. Après l'avoir passé à gué, nous tenant à genoux sur nos mules qui avaient de l'eau jusqu'à mi-corps, nous arrivâmes sur le plateau qui domine la ville. Weaverville est enfouie au milieu des montagnes, dont les sommets les plus élevés sont couverts de neige, quelle que soit la saison. La situation de ses maisonnettes, au pied des montagnes plantées de sapins, lui donne assez l'aspect de certains villages des Alpes; comme eux elle respire une tranquillité agreste qui fait contraste avec l'activité fiévreuse de San-Francisco et de Sacramento. De plus, l'air y est pur et les fièvres y sont inconnues, aussi la richesse aurifère de cette contrée y attire-t-elle chaque jour grand nombre de travailleurs. Le transport des lettres et de l'or se fait par le service d'express.

Nous séjournâmes quelque temps dans cette paisible localité, qui semblait n'avoir été troublée par aucun événement lugubre. Un jour que je me promenais sur les bas-côtés de la ville, j'arrivai sur un terrain abandonné où s'élèvent deux croix de bois, peintes en noir, comme dans les cimetières; elles occupaient seules l'emplacement qui paraissait avoir été jadis habité ; fort curieuse de ma nature, je demandai à quelques personnes du voisinage l'explication de ces signes funèbres, et voici à peu près ce qui me fut raconté.

Dans la première ou la seconde année qui suivit la découverte de l'or en Californie, alors qu'il n'existait encore aucun gouvernement établi, les premiers mineurs qui pénétrèrent dans la région de Weaverville durent, en l'absence de tout pouvoir public qui pût les protéger, garder eux-même leur personne et le terrain qu'ils s'étaient choisi. Ils vivaient là dans la plus complète indépendance, ne payant aucun impôt et résolus à défendre, à l'aide du revolver, leurs propriétés contre toute agression. Quand le gouvernement américain vit que l'émigration affluait de tous les points du globe, il sentit la nécessité de donner une organisation politique à cet État nouveau, il dut rendre la mesure générale. Or, un shérif se présenta à Weaverville pour y faire exécuter les lois qui s'établissaient sur tous les points de la Californie; il imposait à chaque mineur l'obligation de payer une taxe pour avoir le droit d'exercer son métier. On comprend ce que ces nouvelles ordonnances durent rencontrer d'oppositions; l'un de ces mineurs, Irlandais de nation, était un des premiers qui avait pénétré dans les montagnes de Weaverville; aux premières sommations que lui fit le shérif d'ouvrir sa maison pour qu'on pût procéder à l'enquête, il répondit qu'il était décidé à défendre son foyer à main armée, jusqu'à ce que de plus amples informations lui eussent garanti le caractère officiel dont se disait investi l'homme qui se présentait alors à lui comme un agresseur. Le shérif, homme d'une sauvage énergie, qui avait servi dans les expéditions contre les Indiens, répondit par un coup de revolver qui étendit raide mort le malheureux mineur sur le seuil de sa porte; la femme, en voulant défendre son mari, partagea le même sort. A partir de ce moment, la taxe fut perçue sans difficulté. On rasa la maison, et les victimes furent enterrées sur l'emplacement où les deux croix servent à perpétuer ce triste souvenir des commencements de Weaverville.

Les Irlandais sont en grand nombre parmi les mineurs de la Californie. A trois milles de Weaverville, il existe un groupe de maisonnettes qu'on appelle

Sidney, exclusivement occupées par des gens de cette nation.

J'eus aussi l'occasion d'aller visiter quelques Indiens qu'on avait faits prisonniers tout récemment et que l'on gardait à vue sur un terrain peu éloigné de la ville où ils s'étaient dressé des huttes, comme au fond de leurs forêts; ils avaient été pris à la suite d'une expédition faite pour venger la mort d'un marchand américain qui s'était égaré dans les régions habitées par des peuplades sauvages et avait été massacré. Ces malheureux, attaqués à l'improviste dans leur retraite, expiaient peut-être le crime des vrais coupables. Il se trouvait parmi eux un vieillard fort âgé, qui semblait devoir expirer d'un moment à l'autre ; il se tourna avec effort et me montra sur sa poitrine une large et très-profonde blessure produite par une balle. A quelques pas de lui, était une jeune Indienne dans un état de prostration dont rien ne pouvait la distraire ; une grossière couverture l'enveloppait ; elle avait l'un des poignets brisé par une balle; à son attitude, on l'aurait crue morte; mais le regard s'arrêtait bientôt sur sa physionomie, empreinte d'une fierté sauvage; ses traits étaient d'une pureté admirable ; ses grands yeux noirs, étincelants, vous regardaient avec un air étrange sans exprimer le moindre sentiment de douleur.

Deux chiens de ces contrées, et qu'on appelle *Coyottes*, avaient suivi les prisonniers dans leur captivité ; cette espèce de chiens errants vit par bandes comme les Indiens ; ils ont les pattes courtes, le poil ras et de couleur fauve, le museau effilé comme celui d'un renard ; on les rencontre en grand nombre dans le nord de l'*Orégon ;* il faut que la faim les presse fort pour qu'ils s'approchent des villes ou des *ranch*, en poussant des hurlements plaintifs ; leur naturel est, du reste, peu féroce, car ils se sauvent à la vue d'un homme. Je vis encore plusieurs femmes occupées à préparer la nourriture et à soigner les enfants, comme chez les nations civilisées, les hommes de ces tribus nomades abandonnent aux femmes les soins du ménage.

Nous offrîmes aux prisonniers indiens quelques pièces de gibier, deux écureuils gris et trois tourterelles dont on fait, en Californie, des repas délicieux ; nos offrandes furent accueillies avec plaisir, et les femmes nous donnèrent en échange quelques-uns des colliers de coquillages qu'elles portent à leur cou.

La petite place de Weaverville est le centre de nombreux placers; elle fournit aux mineurs, outre les provisions, les ustensiles et outils nécessaires à leurs travaux. La terre de cette partie montagneuse d'une couleur jaunâtre, est reconnue pour une des plus aurifères de la Californie; il est véritablement peu d'endroits où le mineur, à la recherche d'un *claim* (portion de terre qu'il s'est choisie), ne trouve à utiliser sa pioche et son plat en fer-blanc. Cet appareil lui sert à laver les lingots et à en détacher avec de l'eau la couche terreuse qui les enveloppe; dès les premiers coups de pioche et après le lavage du premier plat, il sait à quoi s'en tenir sur le terrain qu'il veut exploiter, parce qu'il sait combien de plats de terre il peut laver dans une journée. De grands travaux ont été entrepris au milieu des montagnes pour détourner, au profit d'un canal creusé à travers les placers, le cours de la Trinité qui passe à vingt milles de Weaverville; mais faute de capitaux, ils furent abandonnés par les compagnies qui en avaient l'exploitation. Les mines du Sud sont beaucoup plus pauvres en métal que celles du Nord : aussi a masse des travailleurs s'est-elle portée vers ce dernier côté.

Il y a deux saisons bien distinctes pour le travail des mines : l'une commence au mois de novembre, au moment des pluies, et l'autre après la fonte des neiges, c'est-à-dire en avril ou mai. Si tous les placers avaient de l'eau en abondance, on aurait extrait plus d'or de la Californie, et les mineurs n'auraient pas à souffrir la misère pendant les temps de sécheresse.

Les bénéfices des mineurs dépendent de la veine qu'ils poursuivent : les uns gagnent cinq piastres par jour; les autres, plus favorisés, travaillent sur un *claim* qui leur rapporte jusqu'à dix, douze piastres et plus. Il en est enfin auxquels le hasard fait découvrir un terrain non encore exploité, et qui s'enrichissent en très-peu de temps : ceux-là sont les élus du sort ; mais ceux dont on ne parle pas, ce sont les malheureux qui ont abandonné leur famille et leur patrie dans l'espoir de réaliser en peu d'années leurs rêves de fortune; arrivés les derniers, ils n'ont souvent plus trouvé que des terrains épuisés dont le produit ne suffit même pas à les faire vivre. La misère et le découragement sont les seuls fruits qu'ils retirent de leur rude et ingrat labeur. Dieu veuille que les choses aient changé !

Il est curieux de rencontrer un chercheur d'or en voyage, c'est-à-dire passant d'un placer à l'autre. Il porte toute une panoplie d'ustensiles dont il ne peut se séparer dans la rude existence des mines; il est d'abord vêtu de grandes bottes de cuir capables de résister aux plus dures intempéries, d'une chemise de laine, espèce de vareuse semblable à celles des matelots; sa tête est couverte d'un feutre qui n'a plus de forme, tellement il est usé et cassé; à sa ceinture, à gauche, pend son *knife bovie* (couteau à bœuf), à droite un revolver; il porte sur son épaule la pioche qui lui sert à faire des entailles dans la terre; sur son dos, un fusil en bandoulière, une couverture de laine enroulée, une marmite et son plat de fer-blanc.

Le terme de notre excursion était Yreka, situé au nord de la Californie. Avant d'y arriver, nous passâmes par une longue chaîne de montagnes, coupée par des chemins sinueux et escarpés, où les mules seules peuvent tenir pied. Nous rencontrâmes une caravane de ces pauvres bêtes chargées de marchandises, et que des muletiers conduisaient. Nous reconnûmes leur approche par le son des clochettes qu'elles portent à leur cou, et dont les différents timbres produisent une harmonie étrange. Elles commençaient ainsi que nous à gravir ces gigantesques montagnes Rocheuses. Qui n'a pas vu ces chemins tortueux, raboteux, sans aucune trace dans le roc, ne peut avoir la plus simple idée des difficultés, des dangers qu'il y a à les parcourir. Nous nous trouvâmes après plusieurs heures de marche au-dessus d'abîmes si profonds, qu'ils nous eussent donné le vertige si notre regard eût osé en sonder la profondeur. Nous avancions lentement en suivant la ligne étroite d'un sentier qui ne permettait qu'à une personne ou à une mule de passer à la fois. Si le pied manquait, on roulait infailliblement avec elle à plus de deux ou trois mille pieds. Les sombres vapeurs qui nous enveloppaient, le sentiment du danger que nous courions au moindre faux pas, l'éloignement de toute habitation, tout remplissait mon âme d'une sorte de crainte religieuse. On tente quelquefois vainement de prier dans une église ; la prière vient d'elle-même au bord des lèvres dans ces lieux d'une effrayante majesté.

Nous traversâmes une bonne partie de ces montagnes Rocheuses dont l'accès était devenu de plus en plus difficile par suite de l'énorme quantité de neige qui encombrait les chemins. Nous pûmes voir sur notre passage la marque des pieds des ours gris, et, dans les excavations des rochers, des carcasses qui témoignent de leur voracité. Des traces de sang, encore fraîches sur la neige, attestaient même qu'ils nous avaient précédés de peu de temps, et qu'ils s'étaient sans doute enfuis avec leur proie au fond de leurs tanières.

A plusieurs milles de là, pressés par la fatigue, nous fîmes une halte chez des Américains qui avaient construit une hutte au milieu des neiges; je les pris d'abord pour des brigands; ce n'était que des aubergistes, qui nous vendirent, au poids de l'or, des côtelettes d'ours; elles nous semblèrent fort appétissantes; j'en avais déjà mangé à San-Francisco.

Entre ces montagnes Rocheuses et l'Orégon, on rencontre de belles plaines qui, en été, offrent l'aspect de la plus riche végétation, de vastes prairies émaillées de fleurs, des chênes gigantesques. Cette nature encore vierge est cultivée par des émigrants dont la plupart sont venus de l'intérieurs des États-Unis à travers les plaines ; l'agglomération de tous ces laboureurs dans la Californie septentrionale rendit la place d'Yreka plus importante, comme centre d'affaires, que Weaverville et Shasta-City. Elle devint un lieu de passage où les voyageurs des plaines vinrent s'alimenter et faire les achats nécessaires aux établissements situés dans les environs ; mais aussi, à mesure que la population européenne et américaine s'augmentait, elle avait de plus en plus à veiller à sa sûreté personnelle. Les Indiens, que les envahissements d'agriculteurs refoulaient sans cesse, gardaient contre les nouveaux venus un profond ressentiment de se voir déplacés d'une contrée qu'ils habitaient depuis un temps immémorial ; il fallait se tenir continuellement en garde contre leurs attaques nocturnes. Lors de mon arrivée à Yreka, on parlait encore d'affreux ravages causés tout récemment par des tribus indiennes : des incendies avaient dévoré, sur différents points, des fermes entières, et l'on avait trouvé leurs habitants cruellement massacrés pendant la nuit par la main des sauvages.

Yreka n'est qu'à quinze milles de l'Orégon ; nous y arrivâmes en novembre 1853.

Les maisons de la ville sont encore presque toutes en bois, même son plus bel hôtel. Il existe des maisons de jeu, comme dans toutes les villes qui ont un placer pour voisinage. On peut goûter de la cuisine française au restaurant Lafayette qui est le plus confortable établissement de ce genre. Cependant, malgré la tendance au bien-être matériel, il était encore difficile, en 1853, à un voyageur, d'y trouver toutes ses aises ; les matelas y étaient complétement inconnus ; il fallait, bon gré mal gré, coucher sur des paillasses.

Les froids furent si rigoureux pendant l'année où je visitai cette ville, qu'il ne se passa pas de jour sans que je ne visse ramener à Yreka des gens qu'on avait trouvés gelés dans la campagne. Le pain, la viande avaient tellement durci sous cette température glaciale, qu'on était réduit à les fendre à coups de hache et de marteau.

Les mines y sont aussi très-productive ; mais

l'absence de l'eau s'y faisait sentir, comme en d'autres localités, à certaines époques de l'année.

Après y avoir séjourné deux mois et demi pour nos affaires de commerce et nous être défaits heureusement de nos marchandises, nous retournâmes, ma sœur et moi, à San-Francisco. Ce voyage, des plus fatigants, nous avait été fort pénible, et nous avions le désir de nous établir à San-Francisco.

CHAPITRE IV

Incendie. — Départ pour la Chine. — *L'Arturo*. — Une malade à bord. — Les sorciers chinois. — Mort. — Les mers de la Chine. — Une voie d'eau. — Arrivée à Hong-Kong. — Visite au consul. — Voyage à Canton. — Insurrection chinoise.

Après dix-huit mois passés en Californie, pendant lesquels j'éprouvais tour à tour des chances de prospérité aussi bien que des déboires réels, je pris un parti téméraire. Dans le courant de l'année, je m'étais liée avec une artiste, nommée Mme Nelson. Cette dame avait formé le projet de quitter la Californie pour se rendre à Batavia. Des lettres pressantes l'invitaient à se rendre dans ce pays pour y donner pendant six mois des représentations; elle m'engagea à l'accompagner, m'offrant les bénéfices d'une spéculation qui devait mettre notre voyage à profit; nous devions nous arrêter en Chine, et là faire une pacotille de tous objets propres à revendre à notre retour. J'hésitai longtemps à entreprendre cette longue traversée, lorsqu'une catastrophe, trop fréquente à San-Francisco, vint me décider entièrement. Le feu se déclara une belle nuit dans la maison voisine de celle que j'habitais avec ma sœur; l'incendie prit en un instant de telles proportions, qu'il ne fallut songer qu'à se sauver. Réveillées en sursaut, nous n'eûmes que le temps de nous habiller à la hâte et de jeter pêle-mêle des vêtements et des valeurs dans des malles qu'on faisait ensuite passer par les fenêtres. Enfin, l'intensité du feu devint telle, qu'il nous fallut descendre les escaliers quatre à quatre sans même prendre le temps de nous chausser. Nous n'étions pas à vingt pas que le corps de logis, construit en bois, s'embrasa et s'abîma en moins de dix minutes. Trois heures plus tard, on comptait cinquante-deux maisons détruites de fond en comble. Ce feu nous emportait plus de quatre mille piastres. Aucune des marchandises de notre *store* n'avait pu être sauvée.

Ma sœur, assez démoralisée par ce revers inattendu, résolut de retourner à Yreka, où l'on nous disait que le commerce allait fort bien. Quant à moi, je pris le parti de suivre Mme Nelson, car, outre l'avantage pécuniaire que je croyais retirer de ce voyage, j'étais dévorée du désir de voir des pays nouveaux.

Notre itinéraire fut décidé de la manière suivante : nous devions nous diriger d'abord vers la Chine, et, après avoir passé à Canton, Macao et Hong-Kong, gagner en dernier lieu Batavia. Dès que tous ces projets furent arrêtés, nous fîmes nos préparatifs de départ.

Or, le 11 juin 1854, nous nous rendîmes à bord de *l'Arturo*, navire anglais, en partance pour la Chine. Par un hasard singulier, il y avait, comme passagers, quatre artistes français : un chanteur, une chanteuse, un pianiste et un violoniste qui allaient à Calcutta. Ils faisaient, comme nous, un circuit, et comptaient donner des concerts sur leur passage dans les différentes villes où ils s'arrêteraient. De plus, dans l'entrepont, trente-cinq Chinois qui regagnaient leur patrie.

Quinze jours après notre départ, nous dépassions

les îles Sandwich. Vers cette époque, Mme Nelson, qui s'était bien portée jusqu'alors, devint mélancolique et souffrante. Pour la distraire de son malaise, je lui proposai de nous faire tirer la bonne aventure par deux Chinois qui parlaient un peu anglais. Ils avaient des prétentions à l'infaillibilité dans l'art de la chiromancie. La curiosité m'était venue de mettre leur science à l'épreuve, en voyant le second du bord éclater d'un fou rire en les écoutant. Le plus difficile était de décider ces magots à nous approcher ; je fis tant qu'ils vinrent auprès de nous. Mme Nelson leur tendit la main avec un certain air de raillerie et d'incrédulité ; ces deux Chinois examinèrent avec attention cette main mignonne et blanche ; et fixant tour à tour les yeux sur son visage ils s'interrogeaient entre eux sur les lignes qu'ils découvraient. Cette consultation durait depuis un moment et cela commençait à nous impatienter, car ils ne nous parlaient pas. Croyant qu'ils se moquaient de nous, nous les pressâmes de s'expliquer, mais ils gardèrent le silence. Mon amie leur demanda alors en souriant s'ils n'étaient pas sûrs de leur prétendue science. L'un d'eux répondit qu'ils se taisaient, crainte de l'affliger. « Vous avez tort, leur dit-elle, car je n'y crois pas. » Je ne sais si cette parole les mécontenta, mais ils se mirent à lui tirer le plus triste horoscope. « Vous avez été très-riche, lui dirent-ils (et cela était vrai), mais il est inutile de chercher à le devenir davantage, car vous n'avez que très-peu de temps à vivre. »

Mme Nelson parut frappée de cette prédiction et, à partir de ce moment, elle tomba dans une tristesse qu'il me fut impossible de dissiper. Je me reprochai presque, comme une mauvaise pensée, de l'avoir engagée à consulter l'avenir. Néanmoins, je voulus à mon tour connaître mon sort, et je tendis bravement la main gauche. Le second horoscope parut les dédommager du premier, ils me dirent que j'avais des lignes très-heureuses; qu'un jour je deviendrais riche, mais très-riche. Cependant, leur visage prit tout à coup une expression sérieuse en se montrant un signe sur mon front, qui n'était certainement visible que pour eux; il indiquait qu'un jour il m'arriverait un grand malheur, mais..., car il y avait un mais, que pourtant cela ne ferait point obstacle à ma future prospérité. Je ris de leurs prédictions

4.

qui m'avaient déjà été faites par des somnambules, et j'essayai, par des plaisanteries, de ramener quelque gaieté dans le cœur de ma pauvre amie.

Le lendemain de ce jour, Mme Nelson fut plus triste et plus souffrante encore; elle dessina, néanmoins, au crayon, le portrait des deux Chinois et le leur donna pour les remercier, ce qui leur causa une véritable joie.

Huit jours après la scène que je viens de raconter, Mme Nelson était dans un état de santé des plus alarmants, elle était prise de douleurs rhumatismales articulaires, et il n'y avait aucun médecin à bord.

Un des Chinois qui avait tiré notre horoscope vint offrir au capitaine, pour la malade, quelques pilules dont, comme docteur (car il paraît qu'il était docteur), il avait expérimenté l'usage dans son pays. Ces pilules étaient rouges et de la grosseur d'une tête d'épingle ; elles avaient la vertu, disait-il, de guérir la plupart des maladies ; leur effet dépendait surtout des quantités bien ordonnées. Les passagers français et moi, nous crûmes qu'il valait mieux nous fier à la science médicale des Chinois que de laisser Mme Nelson mourir sans secours. On essaya alors de lui faire prendre douze de ces pilules ; mais elle nous questionna, et nous eûmes l'imprudence de lui dire que le remède qu'on lui proposait avait été prescrit par un Chinois. Oh ! alors elle s'opposa obstinément à nos instances, tant le souvenir de l'affreuse prédiction qui lui avait été faite pesait sur son esprit. La résistance qu'elle apportait à nos soins nous mit au désespoir. Nous la suppliâmes à mains jointes de céder à nos prières ; elle y consentit enfin et prit six de ces pilules, mais il fut impossible de lui faire accepter le reste. Hélas ! soit que ce remède, dans l'efficacité duquel nous avions foi, lui fût administré trop tard, soit qu'il lui fût contraire, la maladie qui devait la tuer fit, à compter de ce moment, de rapides progrès ; un violent délire s'empara d'elle, pendant lequel elle s'écriait à chaque instant : « Les Chinois ! oh ! les Chinois ! » Bientôt un hoquet, avant-coureur de la mort, vint nous terrifier tous. Nous vîmes cette pauvre femme, jeune encore et pleine d'intelligence, se débattre dans les convulsions de l'agonie. Je m'approchai de son lit de douleurs, j'attirai sur ma poitrine, avec un saint respect, ce visage amaigri par la souffrance, et j'y déposai le baiser de l'adieu suprême. Ses paupières appesanties et mi-closes se relevèrent par un dernier effort; elle me sourit doucement, comme pour me remercier, puis son corps se raidit sous mon étreinte, et le dernier souffle de sa vie, s'exhalant de ses lèvres livides, glissa le long de mon visage.

Dans la même nuit, et par ordre du capitaine, les matelots transportèrent son corps au milieu du pont; tout le monde se rangea autour et l'on récita la prière des morts. La cérémonie achevée, le cadavre fut enveloppé dans un drap avec un boulet aux pieds, puis on le glissa dans la mer pardessus le bord. Le bruit sourd produit par sa chute retentit dans le cœur de chacun de nous; tout était fini.

La mort prématurée de Mme Nelson me fit un mal si poignant que je demeurai plusieurs jours dans une prostration complète; les pensées les plus sombres venaient en foule m'assaillir, car j'éprouvai à ce moment la cruelle douleur de l'isolement, je me vis livrée à tous les hasards, loin de ma patrie, de ma famille, et je maudis le jour où m'était venue la fatale inspiration de quitter la terre natale. Ma situation présente me parut être une punition du ciel et un mauvais présage. Que pouvais-je seule dans l'avenir, sans un conseil, sans une voix amie, dans la nouvelle route que je m'étais tracée ? que n'aurais-je pas donné pour retourner en arrière ! mais je ne pouvais arrêter le navire qui m'emportait à pleines voiles ; je dus subir ma destinée !

. . . .

. . . .

Les mers de la Chine sont parsemées de récifs qui rendent la navigation extrêmement périlleuse dans cette partie du monde ; cependant, nous dépassâmes, par un temps superbe, les Bacchises, groupe d'îlots parmi lesquels notre navire glissa sans encombre. Trois jours encore et nous devions toucher la terre ; nous nous félicitions déjà d'être au terme de notre voyage, lorsqu'un ouragan des plus effroyables vint fondre sur nous. Le tonnerre gronda dans l'immensité avec accompagnement d'éclairs ; des nuages noirs, énormes, roulaient dans le ciel avec furie, ils étaient en couches si épaisses au-dessus de nos têtes, qu'ils assombrissaient l'atmosphère dans toute son étendue. Au loin, partout se montraient à nos yeux des trombes à l'aspect gigantesque ; si nous étions touchés par l'une d'elles nous coulions infailliblement : le capitaine, vieux loup de mer, jetait souvent les yeux sur son baromètre, et chaque fois il n'avait rien de rassurant ; nous subissions, disait-il, la queue d'un typhon. L'inquiétude la plus vive commençait à s'emparer de tous ; *l'Arturo* vint à faire eau ; il fallut forcer les Chinois de l'entrepont à s'employer aux pompes. Il y avait trois jours que nous étions submergés, c'est le mot, par une pluie antédiluvienne lorsque la tempête vint pourtant à s'apaiser. Mais un calme plat, qui dura neuf jours, succéda à la tourmente. De temps à autre, une brise légère s'élevait, mais des courants contraires nous repoussaient toujours. Bref, il y avait vingt et un jours que nous étions ballottés aux abords de l'empire chinois, lorsque le capitaine vint nous dire que nos vivres étaient presque épuisés. Les matelots de *l'Arturo*, harassés de fatigues et peu confiants du reste dans l'expérience de leur capitaine, lui déclarèrent qu'ils se refuseraient à exécuter les manœuvres s'il ne leur permettait de détacher une embarcation et d'aller avec une partie de l'équipage à la recherche de Hong-Kong, qui ne devait pas être éloigné de plus de trente milles. Le capitaine avait vingt-deux hommes d'équipage ; il consentit à en laisser partir huit. Il fit ensuite jeter l'ancre près d'une côte vers laquelle nous avions pu avancer, et nous attendîmes le retour de ces courageux matelots qui se dévouaient d'eux-mêmes au salut de tous. Vingt-quatre heures après, ils revinrent avec un steamer qui nous prit à la remorque. C'est ainsi que nous fîmes notre entrée dans la rade de Hong-Kong, le 29 août, après soixante-seize jours de traversée.

. . . .

Le lendemain de mon arrivée, je fus mandée au consulat de France, ainsi que les autres passagers qui composaient notre navire, afin de constater la mort de ma malheureuse amie. Je fis au vice-consul, M. Haskell, un récit fidèle de la position dans laquelle je me trouvais ; il fut rempli de bienveillance pour moi et me conseilla de ne pas continuer une entreprise aussi malheureusement commencée. Je lui répondis que mon seul désir était de retourner en Californie. « Laissez-moi arrêter moi-même votre passage, me dit le vice-consul ; les recommandations que je donnerai à votre égard vous protégeront, je l'espère, jusqu'à votre arrivée. » Je le remerciai de tant de bonté et j'envisageai avec un peu moins d'inquiétude la durée que devait avoir mon séjour en Chine.

L'île de Hong-Kong ou Victoria Hong-Kong, comme l'appellent les Anglais, leur fut cédée par les Chinois en 1842. Elle compte vingt mille âmes d'indigènes et un millier d'Européens au plus. Située au bas d'une aride montagne, la vue n'en est pas des plus agréables ; et pourtant lorsqu'on entre dans la rue principale, on est surpris d'y rencontrer de jolies constructions semblables à celles d'Europe ; la plupart sont bâties en pierres de taille avec de larges galeries à colonnes, *verandahs*, les ferment presque toutes avec des jalousies pour préserver de la chaleur tropicale. Sur une des hauteurs, à gauche du port, on découvre la maison de ville où siégent les autorités ; un peu plus loin un vaste corps de bâtiment qui sert de caserne aux soldats de terre, sujets anglais, et la place d'Armes, espèce de fortification où plusieurs pièces de canon, braquées sur la rue principale, tiennent en respect la population chinoise. Puis une église du culte protestant.

Le climat à Hong-Kong est malsain et fiévreux, les chaleurs y sont lourdes et pesantes, et le meilleur signe de santé est d'être dans une transpiration continuelle et d'avoir des petites taches rougeâtres semblables à celles de la petite vérole.

La vie pour les Européens est la plus monotone qu'on puisse imaginer ; aucun genre de plaisir, aucun lieu public, rien que la vie intérieure. Car, chevaux, bals, spectacles, réunions, il n'y en a pas. Le seul agrément que l'on puisse se procurer est d'avoir un bateau pour aller se promener en rade ; une femme ne sort jamais à pied, par ton d'abord ; et par principe, les Chinoises elles-mêmes se montrent fort peu dans les rues ; je ne parle pas de la basse classe qui fait exception. La moindre sortie, le plus petit trajet s'opère en chaise à porteur.

On rencontre dans cette ville tous les métiers : les tailleurs, les cordonniers, les blanchisseurs s'y font concurrence pour fournir aux Européens ; les femmes chinoises, en général, ne sont pas soumises au travail ; car on n'en voit aucune dans les maisons de commerce. Les marchands ambulants sont en grand nombre ; et si ce n'est le costume et le langage qui diffèrent, on peut les comparer à nos marchands des quatre saisons ; ils vendent des fruits, des rafraîchissements, des gâteaux, des poissons grillés, de la volaille rôtie, etc. Beaucoup de mendiants, d'estropiés, d'aveugles parcourent les rues. Ces derniers agitent constamment une petite clochette pour attirer l'attention publique. Puis aussi, *ce qui ne manque pas de poésie,* des ménestrels; ces bardes des temps anciens, sur un signe, entrent à domicile, et, pour quelque menue monnaie récitent ou chantent de vieilles légendes, tantôt tristes et tantôt bouffonnes.

Les barbiers ou coiffeurs, faisant vingt fois par jour le tour de la ville avec tout leur attirail sur le dos, ne sont pas les moins curieux; ils se promènent devant les maisons comme les porteurs d'eau dans nos rues ; un boutiquier ou un passant a-t-il besoin de se faire raser, épiler ou teindre les sourcils? il fait signe à l'artiste en question, et l'opération a lieu sur le pas de sa porte ou sur un trottoir le long d'un mur.

Hong-Kong n'a que deux hôtels ; la vie y est aussi chère qu'en Californie, et le séjour on ne peut plus désagréable ; ainsi les maisons les plus propres, les mieux tenues, où l'on emploie de nombreux *coolies* (nom que l'on donne aux domestiques chinois), sont infestées d'affreux insectes qui vous entourent obstinément et prennent à tâche de vous tourmenter ; ce sont : l'araignée, le cancrolat et le moustique ; on rencontre l'araignée et le cancrolat partout, sur les meubles, dans les tiroirs, dans les chaussures, le long des rideaux, dans les malles ; si l'on décroche un vêtement du portemanteau, on est sûr, en le secouant, de voir tomber une de ces horribles bêtes qui, une fois à terre, se met à courir et se fourre dans un autre coin bien avant que l'on ne songe à l'attraper. Mais le plus agaçant de ces deux insectes est le cancrolat, parce qu'il vole, et surtout le soir, aux lumières. Au moment où l'on s'y attend le moins, l'un vous tombe sur la tête, un autre vient s'arrêter sur votre nez. Le matin, en vous réveillant, vous les trouvez jusqu'à deux et trois noyés dans un verre d'eau. Un jour à table, on m'en servit un entouré de légumes ; c'est vraiment répugnant ; mais il est tout à fait impossible d'empêcher cela.

Le parfum des fleurs, en Chine, semble plus suave, plus pénétrant que celui d'Europe. Je fus admise à visiter la demeure d'un mandarin, et je fus aussi étonnée que ravie en la parcourant. Là, tout était factice, grottes, monticules, rochers, ruisseaux, aucune allée ne suivait la ligne droite, et puis des ponts, des kiosques, des temples, des pagodes. Ce qui me parut de la plus grande originalité, ce fut des arbres taillés de manière à représenter des figures de tous genres. L'un, c'était un poisson; l'autre, un oiseau; celui-ci, un chat; celui-là, un bœuf, et bien d'autres bêtes encore; chacun de ces arbres était peint et coloré, afin qu'il rendît bien exactement la physionomie qu'on avait voulu lui prêter. A côté de cela, toute espèce de fleurs et d'arbres fruitiers rabougris : on sait que les Chinois ont un goût tout lilliputien pour contrarier la croissance des végétaux.

Cette campagne en miniature, ces aspects contournés à chaque pas me plurent par leur étrangeté même; c'était pour moi d'une nouveauté délicieuse; l'eau baignait de vertes pelouses coupées de distance en distance; elle entretenait la fraîcheur du sol; les bocages étaient pleins d'oiseaux et de fleurs; c'est dans ces jardins enchanteurs que les Chinoises concentrent leurs plaisirs, vivant par le devoir et par la loi séparées du monde plus encore que les femmes de l'Orient.

Je profitai du temps qui me restait encore pour aller, avec mes compagnons de voyage, visiter Canton. Nous étions adressés, recommandés à un négociant de cette cité superbe, car il n'y existe pas d'hôtel.

Un bateau à vapeur faisant le trajet le long de la côte nous y conduisit en quelques heures.

Rien ne peut surprendre davantage l'œil d'un Européen que l'aspect de cette ville bizarre : à son approche, on découvre se balançant sur les eaux une multitude de jonques de la plus grande variété, où fourmille une population sans nombre. Ces bâtiments aux formes les plus étranges, ces maisons flottantes, de toutes dimensions, toutes grandeurs, servent à abriter ce reflux d'êtres humains vivant, grouillant là, comme s'ils avaient trouvé la solution du mouvement perpétuel.

Nous mîmes pied à terre dans cette ville immense, où nul peuple au monde ne peut rivaliser pour l'activité industrielle.

Nous nous dirigeâmes vers les factoreries; ce ne

fut pas sans peine que nous y parvînmes. Nous n'avions pas fait cent pas dans les rues, que tout le monde nous suivait des yeux en nous montrant du doigt, en criant après nous, pour être plus véridique. Mais comme notre société s'était renforcée d'autres personnes, nous fîmes peu d'attention à ces criailleries tartaro-chinoises. Je remarquai sur notre passage que presque chaque maison avait un petit autel dans une niche, consacré à l'usage religieux. Ce qui me frappa surtout, ce fut l'ordre parfait avec lequel sont rangés les magasins.

A Canton, chaque profession est classée par corps de métier. Une rue n'est habitée que par les marchands de porcelaine, une autre par les vendeurs de thé, une troisième par les négociants en soieries, etc. On ne peut se lasser d'admirer les étalages merveilleusement disposés, où figurent des produits d'un travail admirable : meubles de laque, éventails d'ivoire, écrans, stores, tapisseries, étoffes à reflets éclatants, se disputent à chaque pas l'attention de l'étranger. La rue appelée *New-China street* est bordée de ces magasins splendides, installés dans des bâtiments aux toits aplatis, garnis de boules multicolores. Chacun a son enseigne perpendiculaire, où des lettres d'or sur un fond écarlate apprennent le nom du négociant et sa spécialité.

Sur la chaussée circule une foule compacte, bruyante, affairée. Ce sont des marchands ambulants avec leurs cris gutturaux et bizarres, des bourgeois graves et solennels, avec leur tunique flottante et leur inévitable parasol. Quelques femmes de la dernière classe du peuple apparaissent seules à longs intervalles parmi tous ces hommes.

Après une heure de marche, nous parvînmes à la demeure de M. Liwingston, lequel nous reçut de la manière la plus gracieuse, nous prévenant toutefois de ne pas trop prolonger notre séjour à Canton. Il régnait en ce moment des troubles d'insurrections dans l'intérieur aussi bien que sur les côtes, et la prudence voulait que chacun se tînt sur la défensive. Les citoyens anglais n'ignoraient pas que le peuple chinois tramait sourdement contre eux des plans de révolte, et leurs prévisions étaient bien fondées, car, à la connaissance de l'Europe entière, ils ne tardèrent pas à éclater. Les actes de piraterie, en outre, pullulaient. Tout cela n'avait rien de rassurant. Ces motifs hâtèrent, comme on peut le comprendre, notre retour à Hong-Kong.

Avant, j'eus pourtant l'occasion de visiter la demeure d'un mandarin, laquelle présentait un luxe merveilleux, du moins au point de vue chinois. Les habitants en relation avec les Européens ne refusent pas d'accorder cette satisfaction.

Qu'y avait-il, en réalité? Je ne saurais trop le dire.

C'était un corps de bâtiment entouré de terrasses, autour desquelles grimpaient les fleurs les plus odoriférantes. A l'intérieur, les appartements étaient séparés par des cloisons en bambous légères et vernis. Des nattes en paille de riz et de diverses couleurs encadraient les planchers. De tout côté, çà et là, des canapés, des fauteuils, des chaises, la plupart en bambous, quelques-uns en bois sculpté. Sur les meubles, des fleurs, des instruments de musique, des pipes pour fumer l'opium ; au plafond pendaient des lustres, des lanternes de toutes formes, de toutes couleurs, en verre, gaze ou papier, ornées de franges, de houppes, de colifichets. Sur les murs, des tableaux révélant l'enfance de l'art, et des peintures vernies d'où se détachaient en caractères métalliques des inscriptions et des sentences de philosophie. Ce que j'eusse été curieuse de voir, c'était l'appartement des femmes, mais il était sévèrement interdit aux étrangers.

Pendant les trois jours où je demeurai à Canton, je fus spectatrice d'une attaque entre les rebelles et les soldats de l'empereur. Une armée chinoise est la chose la plus grotesque qu'on puisse imaginer; il n'est guère possible de donner une idée de ces soldats dont les noms répondent aux formidables appellations de tigres de guerre et de fendeurs de montagnes. Étant montée sur la terrasse d'une maison, je pus voir à une distance facile un corps de ces troupes avec son général en chef. Tous ces guerriers, ces braves, marchaient dans le plus grand désordre et comme une bande de brigands; ils étaient armés de lances, de mauvais fusils, et presque chaque soldat avait un parapluie, un éventail et une lanterne, ce qui me rappela les scènes burlesques que j'avais vues dans leurs théâtres à San-Francisco.

Le bruit du canon, les rumeurs lointaines et braillardes des Chinois, ces attaques successives que l'on voyait au loin, les fausses alertes qui venaient distraire ou inquiéter à chaque instant, nous déterminèrent enfin à repartir.

Il y avait un mois que j'étais en Chine lorsque le vice-consul me fit savoir qu'un navire allait mettre à la voile pour la Californie. Il eut l'extrême bonté de faire venir le capitaine, auquel il me recommanda particulièrement. Cet officier, nommé Rooney, lui engagea sa parole et lui promit d'avoir pour moi tous les égards possibles. Je remerciai M. Haskell de tout l'intérêt qu'il m'avait témoigné et j'allai, le cœur presque content, faire mes préparatifs de départ [1].

[1] M. Georges Haskell, remplissant les fonctions de vice-consul à Hong-Kong, était Américain ; il fut si noble et si digne plus tard, que je considère comme un devoir de dévoiler son origine.

CHAPITRE V

Le capitaine Rooney. — Than-Sing. — Le typhon. — Chute du mât de misaine. — Effets de la tempête. — Désastres du *Caldera*. — Les pirates chinois. — Scènes dans l'entre-ponts. — Équipage enchaîné. — Interrogatoire. — Menaces de mort. — Pillage.

Le 4 octobre 1854, je me rendis, sur les quatre heures de l'après midi, à bord du navire *le Caldera*, qui était sous pavillon chilien, et qui, le soir même, devait mettre à la voile pour la Californie. Je me trouvais donc encore une fois à la veille d'un long et pénible voyage; cette solitude à laquelle j'allais être livrée désormais, ces dangers que l'on court sur mer plus encore que sur terre, venaient, à ce moment décisif, se présenter à mon esprit. Aussi, j'étais soucieuse. Le capitaine, voyant mon affliction morale vint causer avec moi, et me donner quelque encouragement. M. Rooney avait, si l'on peut dire, une expression heureuse, c'était un homme d'environ trente-cinq ans, de taille moyenne, brun ; il avait un barbe fine et épaisse qui lui encadrait le visage, lequel était un peu court, mais ses yeux étaient grands et bleus, et cet ensemble des plus caractéristique donnait à sa physionomie un reflet de jovialité et surtout d'énergie. Enfin c'était un vrai type de marin, chez lequel le courage et la bonté se lisaient à première vue.

Mon premier soin fut de visiter ma cabine et d'y installer mes bagages.

Peu de temps après le navire levait l'ancre.

Je fus prise alors d'une vague tristesse que je comprenais d'autant moins, que ce retour en Amérique me rapprochait de ma patrie. Pour m'arracher à cette funeste disposition, je me mis à examiner le navire. C'était un beau trois-mâts de huit cents tonneaux, bien gréé, et d'une forme gracieuse. A l'arrière, formant l'extrême partie du navire, était la dunette, sur le pont de laquelle on montait par un escalier. Je visitai l'intérieur de cette dunette qui servait de salle à manger; de chaque côté étaient disposées les cabines. Au fond, se trouvaient deux chambres qui avaient des croisées. L'une était le salon du capitaine, l'autre appartenait au subrécargue d'une maison de commerce de San-Francisco, lequel avait une forte cargaison à bord. Toutes les boiseries étaient peintes en blanc avec des filets d'or. Cet intérieur était éclairé au milieu par une fenêtre à tambour. Cette disposition générale inspirait la sécurité par l'ordre parfait avec lequel chaque chose était à sa place; il semblait que nous n'avions plus qu'à nous laisser aller à un paisible sommeil pendant les trois mois que devait durer notre traversée.

Il y avait à bord un passager dont j'aurai souvent à parler; c'était un Chinois d'une cinquantaine d'années. Il avait aussi une maison de commerce à San-Francisco, et il emportait une forte cargaison d'opium, de sucre et de café. Than-Sing, tel était son nom, avait le type commun aux gens de sa nation, de plus il était excessivement marqué par la petite vérole. Cependant sa laideur n'avait rien de repoussant, il avait toujours le sourire sur les lèvres.

Notre premier dîner à bord pouvait être l'objet

d'une singularité ; nous étions quatre personnes de nation différente ; le capitaine était Anglais, le subrécargue, comme je l'appellerai dorénavant, était Américain, Than-Sing, Chinois, et moi Française. Je rappelle avec intention cette particularité pour donner une idée des difficultés que devait nous apporter en un péril commun cette différence de langage. Than-Sing parlait l'anglais comme moi-même, c'est-à-dire un peu, mais aucun ne parlait français ; on verra plus tard comment Than-Sing, qui seul parlait chinois, devait nous rendre d'inappréciables services.

Notre équipage se composait de dix-sept hommes de différentes nations.

Le lendemain matin de notre départ, je fus réveillée désagréablement ; une grande agitation régnait à bord, des pas précipités retentissaient sur le pont. L'inquiétude me fit lever, je m'habillai à la hâte, et je sortis pour voir ce qui se passait. Le navire était en panne, un matelot venait de tomber à la mer ; on apercevait sa tête au milieu des vagues à une distance très-éloignée déjà. Le malheureux nagea vingt minutes au moins avant qu'on pût, à l'aide de cordes, le hisser sur le pont. Ses camarades lui donnèrent de vives marques d'intérêt, mais il répondit avec brusquerie et comme un homme qui a honte de sa mésaventure.

Quoique cet incident n'eût occasionné aucun mal réel, il me fit une impression fâcheuse. Je trouvai que, pour le second jour de notre voyage, c'était mal débuter, et puis le chant de ces matelots anglais contribua aussi à augmenter ma tristesse. Ils accompagnaient les manœuvres par une mélodie bizarre et monotone qui ne ressemblait en rien aux airs pleins de gaîté de nos marins français. Je rentrai toute soucieuse, et, pour me distraire, je m'occupai à mettre toutes choses en ordre; je donnai à boire et à manger à deux charmants petits oiseaux que j'avais emportés de Hong-Kong dans une cage, je les couvris de caresses; je n'avais plus qu'eux à aimer.

La brise était molle, et pendant cette journée nous avançâmes lentement. Pourtant, vers le soir, le vent s'éleva, il vint à souffler de tous les points de l'horizon; je ne pensais pas sans inquiétude à l'affreuse tempête que j'avais déjà essuyée sur *l'Arturo*, lors de de mon arrivée en Chine. J'allai vers le capitaine Rooney, et je le questionnai; comprenant mes appréhensions, il essaya de me rassurer, mais je voyais, malgré lui, son visage se rembrunir, et c'était avec juste raison. Le baromètre qui s'était maintenu jusque-là, tomba si bas en moins d'une heure, que le doute n'était plus permis ; nous allions être aux prises avec le typhon. Le typhon, ce vent si redoutable dans les mers de l'Inde et de la Chine, et dont l'influence désastreuse amène toujours, sur mer comme sur terre, la désolation et la mort. Le typhon est plutôt la réunion de tous les vents soufflant avec fureur des quatre points cardinaux, qu'un seul soufflant sans partage. Ce n'est pas plutôt le vent du nord que celui du sud, le vent d'ouest que celui d'est; ce sont tous les vents combattant entre eux et faisant de la mer le théâtre de leur lutte. Le capitaine, reconnaissant à ces signes précurseurs que nous étions menacés de l'une des plus terribles tempêtes, fit exécuter de rapides manœuvres. Il était temps, car les vents cette fois étaient déchaînés, la mer tourmentée en tous sens soulevait ses vagues comme des furies; de sombres éclairs sillonnaient la nue précédant les coups du tonnerre dont le bruit éclatait de toutes parts avec fracas. Poussé de l'avant à l'arrière et retourné brusquement sur lui-même sans que son gouvernail pût lui imprimer de direction, *le Caldéra* menaçait à chaque instant de s'engloutir ; il y avait à peine deux heures que la tempête s'était déclarée, que déjà c'était un vrai désastre : le mât d'artimon et le grand mât étaient plus d'à moitié brisés, deux canots secoués dans leurs liens avaient été emportés à la mer. Tout se brisait à l'interieur ; la mer entrait à profusion par les sabords ; chaque vague qui s'engouffrait dans la dunette produisait le bruit d'une écluse ; les bois craquaient de tous côtés.

Le capitaine se présentait de temps en temps à la porte de ma cabine pour dissiper mes inquiétudes. Ses cheveux étaient collés sur son visage, ses vêtements ruisselants d'eau. « Vous avez peur, me disait-il avec une brusquerie bienveillante. — Non, répondais-je en essayant de dissimuler ma frayeur. » Mais la pâleur de mon visage trahissait mes craintes, car il hochait la tête avec un air de doute, tout en allant surveiller les manœuvres.

Je dois avouer que j'étais dans des transes mortelles. Tout dans ma cabine était renversé, jeté pêle-mêle. Mes pauvres petits oiseaux, que j'avais avec grand'peine, au risque de me blesser, rattachés à la cloison, se blottissaient dans le coin de leur cage avec des marques d'épouvante ; j'étais moi-même couchée, le roulis ne permettant plus de se tenir debout. La mer déferlait avec une telle violence contre les flancs du navire, que ma terreur augmentait à chaque instant. Tout à coup, un fracas épouvantable retentit sur ma tête, et je me trouvai, par une forte secousse, lancée hors de mon lit sur le plancher. Au comble de l'effroi, j'y restai à deux genoux, je me cachai la tête dans les mains : il me semblait que le navire allait s'entr'ouvrir et que nous allions être précipités dans les abîmes. Ce bruit affreux provenait de la chute du mât de misaine, entraînant avec lui les haubans ; le vent l'avait brisé au pied en tombant ; il avait blessé un matelot qu'on avait relevé dans un état déplorable. Comment le *Caldera* résistait-il encore ? Après quatorze heures passées dans les plus cruelles angoisses, la tempête vint pourtant à se calmer, le vent se ramollit, la mer conservait encore bien du roulis, mais cet apaisement sensible de ses fureurs nous semblait être la plus complète tranquillité.

J'entre-bâillai la porte de ma cabine et je jetai un coup d'œil dans la salle à manger. On n'y voyait plus alors qu'un amas confus de meubles et de vaisselle renversés et brisés; l'eau y ruisselait de toutes parts.

Vers quatre heures, voulant contempler les effets désastreux de la tempête, je montai sur le pont; je m'y frayai un chemin avec peine; il était rempli d'objets brisés, câbles, chaînes, sans compter les trois mâts. L'eau de la mer avait été tellement remuée dans ses profondeurs, qu'elle avait pris la teinte jaunâtre de ses couches de sable. Le ciel chargé de nuages éclairait l'horizon par un jour douteux; je portai avec tristesse mes yeux autour de moi, et je vis nos matelots allant çà et là, l'air épuisé, accablés de fatigue. Cinquante-deux poules et six porcs avaient été tués par l'effet du roulis. Comme nous avions la terre en vue, le capitaine, après avoir fait hisser avec grand'peine une voile à l'avant, fit mettre le cap sur Hong-Kong. Il nous fallait regagner cette ville, notre navire ayant besoin d'au moins six semaines de réparations.

En même temps que le calme se rétablissait l'appétit, oublié pendant le danger, reprenait ses droits. L'heure du dîner venue, chacun prit place à la table, et peu de paroles s'échangèrent pendant ce repas. Nous étions tous recueillis comme des gens qui viennent d'échapper à la mort. J'examinai la figure du capitaine, elle était empreinte d'un profond découragement. J'ai su depuis qu'il songeait à une lugubre aventure qui lui était arrivée deux ans auparavant. Pris par des pirates indiens, après un combat où tout son équipage avait trouvé la mort, le capitaine Rooney avait été attaché au mât de son navire, et ces barbares ennemis lui avaient tailladé le corps en tous sens, sans pouvoir obtenir de lui autre chose qu'un sourire de mépris. Ils le gardèrent prisonnier six mois, après lesquels il parvint à s'échapper.

Le subrécargue présentant la mine la plus piteuse que l'on puisse voir; car, outre la crainte qu'il avait eue de perdre la vie, il finit par avouer qu'au moment du danger, ses plus cruelles angoisses avaient été pour la perte de ses marchandises.

Than-Sing, le Chinois, avait la physionomie d'un homme qui se sent franchement heureux d'être sauvé; aussi son sourire bienveillant faisait-il contraste avec le malaise général.

Quant à moi, encore sous le coup de mes récentes terreurs, je songeais combien la fatalité semblait vouloir déjouer tous mes projets d'avenir. Que puis-je connaître de plus des horreurs de la mer, me disais-je, si ce n'est d'y trouver une tombe?

Vers huit heures, le capitaine ordonna que tout le monde prît du repos. J'éprouvais une telle fatigue, que j'aurais dormi sur des planches aussi bien que sur un lit de plumes. Je dis sur des planches parce qu'au moment de me coucher je m'aperçus que mon matelas, mes draps, toute ma literie enfin étaient trempés d'eau. M. Rooney mit une complaisance extrême à faire chercher une partie de ce qui m'était nécessaire. Mais ma lassitude ne me permettait pas d'attendre longtemps, la première couverture que l'on me présenta, je m'en enveloppai et m'étendant sur mon lit dégarni, je ne tardai pas à tomber dans un sommeil profond.

. . . .
. . . .

Il pouvait être minuit lorsqu'un songe effrayant vint

agiter mon esprit. Il me semblait entendre des cris infernaux, poussés par une bande de démons. Était-ce un hallucination ? ou cet horrible cauchemar avait-il de la réalité ? J'étais oppressée, souffrante, et plus d'une fois je me retournai sur ma couche ; le songe durait toujours, il fut tout à coup rompu par un effoyable vacarme. Éveillée en sursaut, je me dressai sur mon céant, et j'ouvris les yeux, j'étais éblouie, ma cabine se trouvait entièrement illuminée par une lueur rouge. Frappée de terreur et persuadée que le navire devenait la proie d'un incendie, je sautai en bas de mon lit et me précipitai vers la porte. Le capitaine et le subrécargue étaient sur le seuil de leurs cabines. Je jetai des yeux hagards sur eux, ils me regardaient sans pouvoir proférer une parole, car nous entendions des hurlements sauvages et comme des coups de massue qui retentissaient contre les flancs du navire. Des pierres, des projectiles de toutes sortes étaient lancés dans les carreaux des fenêtres du plafond, de la dunette, et les brisaient en mille pièces, des flammes semblaient brûler tout au-dessus de nous ; nous restions terrifiés.

J'allai vers le capitaine et je me cramponnai à son

bras. Je voulais parler, je n'avais pas de voix, quelque chose d'aride dans mon gosier arrêtait les paroles sur mes lèvres ; je parvins cependant à lui dire avec des sons étranglés : « Capitaine ! capitaine ! le feu ! le feu est au navire !..... Répondez-moi..... Entendez-vous là-haut ?... » Mais il était entièrement pétrifié, car il me répondit : « *I don't know* (je ne sais pas). » Il s'éloigna tout à coup et reparut avec un revolver à la main, la seule arme qu'il y eût à bord. En ce moment, le second de l'équipage accourut de l'avant du navire, et, s'approchant du capitaine, lui dit quelques mots que je n'entendis pas. Plus prompte que la pensée, et soupçonnant un terrible malheur, je rentrai précipitamment dans ma cabine et je regardai derrière le carreau qui s'ouvrait sur la mer. Au feu extérieur, j'entrevis les mâtures de plusieurs jonques chinoises. Je ressortis épouvantée, folle, en criant : « Les pirates !..... les pirates !..... » En effet, c'étaient les pirates, ces écumeurs de mer de la Chine, si redoutés par leurs cruautés. Ils nous tenaient en leur pouvoir ; trois jonques, montées chacune par trente ou quarante hommes, entouraient *le Caldera*. Ces brigands semblaient être des démons sortis du sein de la tempête pour achever son œuvre de destruction. Le délabrement de notre navire désemparé était pour eux un facile succès. Après avoir jeté sur le *Caldera* des crocs en fer, fixés à de longues amarres, ils n'avaient pas tardé à grimper le long du bordage avec l'agilité des chats. Une fois parvenus sur le pont, ils s'étaient livrés à une danse infernale en poussant des cris qui n'ont rien d'humain. Les projectiles, en outre, cassant les vitres, nous avaient tirés du profond sommeil où nous étions tous plongés. Les lueurs que nous avions prises pour le reflet d'un incendie, étaient produites par des matières inflammables. Ils emploient ce moyen afin de frapper de stupeur et d'effroi ceux qu'ils attaquent, et paralysent souvent par là leur résistance.

Le capitaine, le subrécargue, le second, firent quelques pas en avant pour sortir de la dunette et aller sur le pont ; je les suivis instinctivement. A peine avions-nous fait trois pas, que des boules fulminantes furent jetées sur nous et nous forcèrent à opérer une retraite. Il s'en fallut de bien peu que nous ne fussions atteints par cette pluie de feu qui nous aurait causé d'atroces brûlures. Nous ne pouvions nous expliquer où ils voulaient en venir, leur intention était évidemment de mettre le navire au pillage. Le capitaine, qui n'avait que son revolver pour nous défendre, jugea qu'il était prudent de nous dérober le plus longtemps possible à leur fureur. C'était une précaution bien inutile, car ils devaient nous trouver n'importe où, aussi bien que si nous fussions restés dans nos lits; mais notre esprit troublé ne nous laissait pas le loisir de raisonner. Nous descendîmes avec précipitation dans l'entreponts, dont l'ouverture se trouvait justement sous nos pieds, et nous nous cachâmes le mieux que nous pûmes. Cinq matelots se trouvaient déjà en cet endroit; nous ne savions ce qu'était devenu le reste de l'équipage; peut-être était-il déjà fait prisonnier.

Quant à Than-Sing, il n'avait pas reparu depuis la veille au soir.

Les pirates continuaient à pousser leurs cris sauvages. Par un écartement dans le panneau qui nous recouvrait, on pouvait voir, à travers les lueurs incendiaires, quelques-unes de leurs têtes hideuses entourées d'étoffes rouges en forme de turban. Leur costume était comme celui de tous les Chinois, excepté que leur ceinture était garnie de pistolets, de larges couteaux, et chacun d'eux avait un sabre nu à la main. A cette vue, un nuage de sang me passa devant les yeux, mes jambes fléchirent sous moi ; je croyais ma dernière heure arrivée. Rampant des pieds et des mains, je m'acheminai vers le capitaine, en cet instant de détresse son appui me semblait cher. Nous nous tînmes blottis au milieu des ballots de marchandises, à peu près à vingt pieds de l'ouverture. Il nous était impossible d'aller plus loin, le navire étant comble dans cette partie. Nous respirions à peine, quand nous entendîmes une foule de pirates entrer dans nos cabines et bouleverser tout avec violence. Une voix connue parvint en même temps jusqu'à nous : c'était celle de Than-Sing. Une vive altercation paraissait s'élever entre lui et les pirates. On le sommait sans doute de dire où nous étions, car nous l'entendîmes crier en anglais : « Capitaine, capitaine ! où êtes-vous ? en bas ? Répondez ! venez ! venez !... »

Mais personne ne bougeait.

Le capitaine Rooney retournait convulsivement son pistolet dans ses mains, en murmurant qu'il allait briser la première tête de pirate qui apparaîtrait. Je le suppliai de n'en rien faire; une pareille tentative non-seulement devait être de nul effet, mais encore pouvait servir à nous faire égorger tous. Il sentit si bien cela du reste qu'il mit son arme au repos en la cachant sous ses vêtements.

Nous n'attendîmes pas longtemps la venue de nos ennemis; c'en était fait, nous allions être découverts... Je frissonne encore à ce souvenir! Ils levèrent la trappe et firent descendre après une corde, une lanterne allumée. Nous nous pressions les uns contre les autres pour nous dérober à ce jet de lumière qui nous gagnait peu à peu et devait révéler notre présence. C'était peine perdue; des jambes passèrent bientôt, puis des corps tout entiers, et nous nous trouvâmes couchés en joue par une douzaine de pirates qui cherchaient avec des yeux de tigres dans la direction qui leur faisait face; ils étaient armés jusqu'aux dents. Le capitaine le premier se détacha de notre groupe, et s'avança à leur rencontre. Il leur présenta son revolver du côté de la crosse. Les pirates levèrent tous à la fois les bras d'un air menaçant; mais voyant qu'on ne leur opposait aucune résistance, ils se mirent à nous considérer avec une joie sauvage. Deux de ces bandits s'élancèrent hors de l'entrepont et firent signe avec des gestes brusques qu'il fallait les suivre. Plus morte que vive, j'étais restée blottie derrière un ballot ; je vis du coin de l'œil mes compagnons remonter un à un, je voulais m'avancer comme eux, mais j'étais foudroyée d'épouvante. Quand le dernier eut disparu, que je me vis sur le point d'être seule avec ces monstres, ces assassins, une frayeur plus forte que le courage s'empara de moi, je me raidis par un effort suprême, et je m'avançai à mon tour. Alors à ma robe, à ma coiffure, ils reconnurent que j'étais une femme ; une exclamation de surprise éclata parmi eux, une joie horrible se peignit sur leur physionomie ; j'envisageai le lieu où j'étais comme une tombe béante : il me semblait déjà sentir les griffes de ces démons. A ce moment ce n'était plus du courage, de l'énergie, c'était du délire. Je m'élançai vers l'ouverture, et j'élevai les bras en l'air, en recommandant mon âme à Dieu. Au même instant, je me sentis saisir et entraîner, j'étais hors de l'entreponts.

Arrivée là, je fus entourée d'une foule de pirates qui se tenaient en cercle avec des sabres et des pistolets au poing. Je jetai un coup d'œil égaré sur mes agresseurs : ils fixaient sur moi des yeux avides en m'examinant. Ce n'était pas, comme on pourrait le croire, l'insuffisance de ma mise qui excitait leur curiosité, car, dès le moment de leur arrivée, par une sorte d'instinct bien naturel chez une femme, je m'étais revêtue à la hâte d'une robe, et j'avais mis mes pieds dans des chaussures. Ce qui excitait leur cupidité, c'était quelques bijoux que j'avais conservés; comprenant leurs exclamations bruyantes, je détachai bien vite mes boucles d'oreilles, mes bagues, et je les leur jetai pour m'éviter toute brutalité au cas où ils n'auraient pu résister longtemps à l'impatience de les posséder. Ceux qui étaient le plus rapprochés de moi se ruèrent dessus avec avidité, au grand mécontentement des autres ; ces derniers même paraissaient si exaspérés, qu'ils cherchèrent querelle aux premiers, et il s'en serait suivi probablement une lutte sanglante, si la voix du chef ne fût intervenue avec autorité; tout cela s'était passé en quelques moments. On me poussa ensuite sur le pont, je montai l'escalier qui conduisait sur la dunette; là, je retrouvai mes compagnons de captivité déjà enchaînés, et je m'assis auprès d'eux comme on me l'indiquait.

La mer était encore houleuse; de gros nuages noirs, dernières menaces de la tempête, couraient çà et là dans le ciel et allaient se confondre dans l'horizon ténébreux; il s'élevait du sein des flots une brume épaisse qui nous enveloppait du froid le plus glacial; le pauvre *Caldera*, ainsi désemparé, capturé, ressemblait à un ponton en révolte. Il régnait parmi nous un silence de mort, qu'interrompaient parfois les gémissements du matelot qui avait été atteint par la chute du mât de misaine. Ces poignantes émotions avaient tellement troublé mon esprit, que mille idées confuses se pressaient dans ma tête; j'éprouvais l'envie de pleurer, et mes yeux restaient secs. Je promenais sur chacun des captifs des regards désolés. Cette communauté de malheurs m'attachait à eux; je redoutais qu'on ne vînt à m'en séparer.

Pendant ce temps-là, les pirates, qui pouvaient être au nombre de cent, couraient en tous sens dans le navire, se livrant au pillage. Quelques-uns s'approchèrent de moi et me montrèrent mes compagnons attachés. Pensant qu'ils voulaient me lier aussi, je leur tendis les mains, mais ils me firent un signe négatif. L'un d'eux impatienté, me passa la lame froide de son sabre le long du cou, faisant le simulacre de me couper la tête ; je ne bougeai pas ; mon visage exprimait sans doute un morne désespoir, mais je n'avais pas une larme. Cette immense douleur me mettait à une si rude épreuve, qu'elle semblait déjà avoir tout anéantie, tout épuisé en moi. Voulant néanmoins les satisfaire, je leur tendis encore les mains afin qu'ils pussent me les lier, si telle était leur intention. Ils s'en emparèrent avec colère, puis ils recommencèrent à promener leurs doigts autour de mes poignets, cherchant à me faire comprendre ce que je ne pouvais deviner. Où voulaient-ils donc en venir ? Leurs froides menaces étaient sans doute pour me démontrer qu'ils me les couperaient. Dès ce moment, toute l'horreur de ma position me fut révélée ; j'inclinai ma tête sur ma poitrine, et je fermai les yeux. La vue seule de ces monstres suffisait pour donner le courage du martyre ; j'attendais la mort non sans épouvante, du moins avec résignation. J'étais dans cette cruelle perplexité, lorsque je me sentis frapper sur l'épaule ; c'était Than-Sing qui, touché de mon attitude, voulut calmer mes craintes : « N'ayez pas peur, me dit-il, ils veulent seulement vous effrayer pour que vous n'ayez aucune envie de détacher vos compagnons. »

On vint bientôt le chercher pour parler au chef des pirates. Than-Sing n'avait pas été enchaîné, mais il était prisonnier comme nous ; il nous servit d'interprète ainsi qu'à ses compatriotes. Ce chef était un petit homme d'apparence grêle, et chose singulière, il avait l'air moins féroce que les autres.

Le capitaine Rooney fut interpellé devant lui ; son attitude pendant cet interrogatoire fut calme et dédaigneuse ; il était superbe de mépris devant tous ces hommes de sang. On lui demanda d'abord s'il était Anglais ; Than-Sing, chargé de traduire la réponse, se souvint, alors, de la haine qui existait entre la nation chinoise et la nation britannique. Il répondit que le capitaine était Espagnol, et que l'équipage se composait d'hommes de différents pays. Le marchand chinois avait été heureusement inspiré en dissimulant l'origine du capitaine et des matelots, car le chef des pirates fit observer que si nous avions été Anglais, il nous aurait tous fait égorger sur-le-champ. Il s'informa du nombre d'individus qui étaient à bord, ainsi que des sommes d'argent dont pouvait disposer le capitaine; si j'étais la femme de M. Rooney. Than-Sing satisfit à toutes ces questions, et dit, relativement à ma personne, que j'étais Française, simple passagère et sans aucun parent ou ami en Chine. Cet excellent homme fit ressortir l'abandon dans lequel je me trouvais, afin d'éloigner de l'esprit des pirates l'idée de ne me rendre la liberté qu'au prix d'une forte rançon.

Le chef de ces bandits ordonna qu'on déliât les mains au capitaine Rooney, et celui-ci eut l'humiliation de l'accompagner dans une visite à l'intérieur du navire. Il se vit dans la nécessité de faire le compte exact des marchandises qui composaient le chargement du *Caldera*. Nos chambres furent dévalisées les premières; je vis passer mes bagages, qui allaient disparaître dans leurs jonques; je soupirai tristement en voyant ces voleurs de mer emporter avec mes malles des objets auxquels j'attachais un prix tout particulier : un de ces barbares tenait dans leur cage mes oiseaux mignons. Ces frêles petites créatures allaient peut-être, si elles n'offraient pas assez d'appât à la cupidité de ces monstres, mourir de faim, leur sort était aussi misérable que le nôtre. Nous devions la vie au généreux mensonge du marchand chinois. Mais les pirates pouvaient changer de résolution, et nous eussent-ils promis cent fois la vie sauve, nous ne pouvions pas nous appuyer sur leur perfide parole. Notre malheur, au contraire, semblait sans limites; il était parfaitement à notre connaissance que les mers de la Chine regorgent de cette écume des nations. Ceux-ci nous faisaient grâce; de nouveaux venus pouvaient nous disputer aux premiers et compromettre par ce motif même notre vie, dans une lutte horrible.

Je fus tirée de cette rêverie douloureuse par le retour du capitaine. Le chef des pirates venait de lui ordonner de faire lever l'ancre et de diriger le navire vers une baie voisine. Nos matelots furent, en conséquence, délivrés pour être employés aux manœuvres; avant d'en arriver là, on leur fit comprendre qu'au moindre signe de révolte de leur part, on nous égorgerait tous sans pitié : ces menaces étaient répétées à chaque instant. Quant à moi, que ma faiblesse condamnait à l'inaction, je fus laissée à la même place, en compagnie du matelot blessé, lequel souffrait cruellement. Le subrécargue et Than-Sing, quoiqu'on leur eût délié les mains, étaient restés inoccupés à cause de leur inexpérience des manœuvres.

A ce moment, un des bandits passait près de nous; il nous fit voir, avec les marques de la joie la plus vive, un paquet assez volumineux: c'étaient une forte somme d'argent, des bijoux et de l'argenterie. Il prit une fourchette, la retourna en tout sens, puis la porta à sa tête en me regardant, comme pour me demander si c'était un peigne de femme (on sait que les Chinois ne font pas usage de fourchettes). Son ignorance, qui, dans tout autre instant, m'eût semblée risible, ne me donna pas même l'envie d'un sourire, tant mes sens étaient plongés dans un accablement profond. Than-Sing me vint heureusement en aide, et se chargea de lui expliquer à quoi servait l'ustensile en question. Le pirate s'éloigna. Je me croyais débarrassée de sa présence, quand, revenant sur ses pas, il remplit une de ses mains de pièces d'argent qu'il mit sous mes yeux en étendant son autre main vers une jonque qui était amarrée au navire; je compris, à ces signes multipliés, qu'il me proposait de fuir avec lui. Thang-Sing, qui avait suivi du regard cette scène muette, eut encore pitié de ma détresse; il s'approcha de cet homme et lui dit quelques mots dans leur langage. Il le menaçait sans doute de dévoiler sa conduite au chef, car le pirate s'éloigna la tête basse et sans réplique.

La température s'était refroidie et était même devenue des plus glaciale. Nous étions trop peu couverts les uns et les autres pour ne pas ressentir cette brume humide qui nous enveloppait. Je dois dire ici que nos ennemis usèrent alors de quelque générosité à notre égard; plusieurs d'entre eux ramassèrent des lambeaux de vêtements qui traînaient sur le pont et nous les jetèrent pour nous en couvrir les épaules.

A ce moment, un bruit de chaînes se fit entendre, le navire ne marcha plus, l'ancre tomba dans la mer; devait-elle bientôt remonter ou s'enfonçait-elle à jamais dans le lit qu'elle se creusait au fond des abîmes? Dieu seul le savait!

CHAPITRE VI

Séquestration. — Le bon Chinois. — Une lueur d'espoir. — Nouvelle flottille de jonques. — Déguisement. — Plus de vivres. — Pirate père de famille. — Proposition de fuite. — Refus de l'équipage. — Fureur du capitaine Rooney. — Embarcation à la mer. — Désappointement.

Les dernières ténèbres fuyaient pour faire place à l'aurore. Le chef des pirates ayant terminé ses recherches sur les choses les plus précieuses, nous fit tous rassembler, après quoi il ordonna qu'on nous fît descendre à l'entrepont, cette nouvelle mesure nous causa une inquiétude affreuse ; on nous escortait les armes à la main. Arrivés au pied du grand mât, le panneau fut ouvert, et nous descendîmes comme on nous l'intimait. Nos ennemis à ce moment avaient l'air des plus farouches, chacun de nous pensa qu'ils allaient décider de notre sort; nous nous assîmes, dans un morne silence, sur les ballots de marchandises; mais elles étaient en si grand nombre dans cet endroit que nous trouvâmes bien juste à nous caser. Peu après, plusieurs de ces pirates apparurent pour nous surveiller. Ils frappaient à chaque instant et sans motif, à coup de plat de sabre, les matelots. Je me serrais tout effarée contre le capitaine, lequel pouvait bien peu pour soutenir mon courage. Ces misérables regardaient les poignets de chacun, et une joie sauvage brillait dans leurs yeux en voyant la meurtrissure qu'avaient marquée les liens. Ils faisaient sans cesse tournoyer leurs sabres autour de nos têtes. Un mouvement se fit sur le pont; ils se retirèrent, nous laissant seuls, mais ils avaient eu le soin de boucher hermétiquement le panneau, de sorte que non-seulement nous étions plongés dans d'épaisses ténèbres, mais encore nous étouffions faute d'air. Ce supplice dura environ une heure. Au bout de ce temps, une voix amie parvint jusqu'à nos oreilles: c'était celle de Than-Sing qu'on avait séparé de nous. Il ouvrit ce panneau qui pesait sur nos têtes, et les rayons d'un soleil ardent vinrent bientôt inonder la nuit de notre prison avec un éclat tel, que nous restâmes comme aveuglés pendant quelques instants.

Comme on a pu le voir jusqu'à présent, le marchand chinois nous avait rendu de grands services ; jusqu'au jour de notre délivrance, il devait être notre bon génie. Sa seule présence calmait nos terreurs, et le danger nous semblait moins menaçant dès que le vieillard ouvrait la bouche pour s'interposer entre notre faiblesse et la férocité de ses compatriotes. Son sang-froid ne se démentait pas un seul instant ; quand il n'était pas à nos côtés pour nous consoler et ranimer notre courage, il employait son adresse auprès de nos ennemis pour nous épargner quelque nouvelle épreuve. Nous reprenions confiance à sa vue, et sa laideur disparaissait sous la calme sérénité de son visage ; j'étais étonnée de trouver dans un homme de sa nation une bonté toute chrétienne.

Le chef des pirates avait décidé que tous nos hommes d'équipage travailleraient au pillage du navire. Nous supposâmes qu'un long débat, qu'une question de vie ou de mort avait dû être agitée relativement à nos personnes, pendant qu'on nous avait tenus enfermés. La Providence veillait sur nous, puisque, cette fois encore, on nous laissait l'existence.

Les pirates commencèrent par se gorger de la cargaison d'opium, qui était le fret de notre ami Than-Sing; le reste, consistant en riz, sucre, café, etc., fut l'ouvrage de nos matelots; mêlés au milieu de ces voleurs, ils passaient de main en main toutes les marchandises qui se trouvaient à leur portée; et, ces derniers, faisant la chaîne, les transportaient à leur tour, dans leurs joncques.

Dans cette nouvelle occupation, je fus comme oubliée, c'est-à-dire qu'on me laissa au milieu de mes compagnons qui m'engagèrent à rester à leurs côtés, ce que je fis en désespérée.

Au bout d'une heure, il y eut un moment de repos, les pirates donnèrent du biscuit et de l'eau à nos matelots. Ceux-ci me proposèrent de prendre part à leur repas, mais il me fut impossible de goûter à cette pâte dure et sèche. D'ailleurs, mon estomac, oppressé par tant d'émotions, était incapable de prendre quoi que ce fût. Je bus avec avidité de l'eau qu'on me présentait; depuis de longues heures, j'avais la poitrine en feu, et je souffrais cruellemen de la soif.

A peu de temps de là, le capitaine Rooney et Than-Sing vinrent me chercher. Il était temps qu'ils fissent leur apparition. Plusieurs de ces bandits commençaient à tourner autour de nous d'une manière inquiétante. Ces cœurs généreux, au milieu de tant de périls, ne songeaient pas qu'à eux seuls; après en avoir fait la demande au chef, ils avaient obtenu de m'emmener dans une des chambres de la dunette pour m'y établir plus commodément. En passant sur le pont, je pus voir que nous étions près de terre, dans une immense baie entourée de collines verdoyantes. J'aurais joui de ce riant spectacle, si, en ramenant mes regards autour de moi, je n'avais été bientôt rappelée à toute l'horreur de ma situation. Le *Caldera*, déjà détruit par la tempête, n'était plus qu'un amas de ruines; les mats brisés étaient abattus en travers du pont, des débris de fenêtres et de portes gisaient çà et là, la boussole avait disparu; ces pillards par mesure de précaution avaient enlevé le gouvernail. Ils ajoutaient à cette scène de désolation leurs cris barbares. Saisie de vertige, je me laissai vivement entraîner à l'arrière. Là encore, tout était méconnaissable, ce qui n'avait pas été brisé comme les glaces, était jeté de tous côtés sur le plancher. Je ne sais si, à ce moment, j'avais bien ma raison; mais, ce que je puis dire, c'est que je souffrais mille morts. J'étais torturée moralement par les craintes les plus odieuses. J'essayais de combattre les angoisses que j'éprouvais, en me rappelant que les pirates s'étaient refusé de me lier les mains, ce qui me semblait témoigner de leur part une certaine déférence pour les femmes; mais il me revenait à l'esprit bien des histoires lugubres qu'on m'avait racontées et qui constaient la férocité de leur nature. Aussi, j'eusse préféré me jeter vingt fois à la mer que d'être victime de leurs brutalités; et à l'heure où j'écris ces lignes, on peut croire que si je raconte tout au long les souffrances que j'ai endurées, c'est que Dieu, dans sa paternelle sollicitude, n'a pas permis que de telles horreurs fussent ajoutées au nombre des épreuves qu'il me réservait. J'y eusse succombé ; du reste tant le nombre des ennemis qui nous tenaient en leur pouvoir était considérable, le lendemain de notre capture, nous pouvions en compter amplement un mille. Je me reposais en proie à ces sombres préoccupations, sur un large divan en velours vert qui étair resté dans une des chambres et qu'on n'avait pu faire sortir à cause de sa dimension. J'étais veillée par le bon Than-Sing et par le brave capitaine Rooney. Quant au subrécargue, homme à la figure fausse, il a montré tant de lâcheté dans cette affaire, qu'il ne mérite aucunement d'être cité.

Pendant toute cette journée, nos matelots n'eurent pas de relâche, ils travaillaient sous le sabre en poussant des gémissements, leur fatigue était grande; vers le soir, Than-Sing obtint pour eux qu'ils prendraient quelque repos ; il parvint aussi à nous apporter une gamelle de riz cuit à l'eau. C'était tout ce qui restait de nos vivres : ils en mangèrent ; quant à moi, de même que le matin, je ne pus rien prendre. Ces émotions successives me tenaient dans un état de fièvre qui m'ôtait toute idée de nourriture.

Nous avions obtenu de fermer toutes les portes ; mes compagnons reposèrent dans la pièce voisine de celle où j'étais. Je passai une nuit comme les damnés seuls doivent en avoir; j'entendais les cris de ces hommes célébrant leur facile victoire, et les frayeurs de mon cerveau troublé ne me faisaient voir que poignards, incendies et scènes sanglantes. Voulant respirer un peu d'air, je me précipitai, toute haletante, vers une petite fenêtre qui donnait sur la mer, et j'apercevais à la clarté de la lune les forbans qui se partageaient le butin dans le plus grand tumulte. Ce spectacle était bien fait pour perpétuer mes affreuses visions.

Le jour vint. Il y avait à peine une heure que nos matelots étaient parmi les Chinois, lorsque nous entendîmes une rumeur qui n'était pas ordinaire. En effet, quelques-uns des nôtres vinrent à pas précipités, et nous dirent avec une voix troublée : « Les pirates se sauvent!... les pirates se sauvent!... » Une lueur d'espoir traversa en ce moment l'esprit de chacun de nous ; nous crûmes un instant que nous touchions au terme de nos épreuves, car l'effroi subit des pirates nous semblait ne devoir être causé que par l'approche d'un steamer ; mais nous fûmes trompés d'une manière bien douloureuse quand nous eûmes porté nos regards à l'horizon. Hélas ! ce que nous avions cru être notre délivrance n'était, au contraire, qu'un accroissement à nos maux. Il n'y avait plus à en douter ; au loin une nouvelle flotille de jonques se dirigeait à toutes voiles vers nous. Pendant l'espace d'un quart d'heure, où nous fûmes seuls sur notre navire, le bon Than-Sing nous expliqua que les petites jonques fuyaient devant les grandes, et que, s'il n'en était pas ainsi, les pirates se livreraient combat entre eux. Les nouveaux ennemis qui nous arrivaient étaient donc plus redoutables que les premiers. Qu'allaient-ils faire de nous? Nous étions là, sans espoir, attendant le poignard, la hache ou le sabre qui devaient nous frapper peut-être; nous comptions les minutes qui s'écoulaient, et mes yeux ne pouvaient se détacher de la vue des jonques qui rapprochaient nos bourreaux; je sentais une pâleur livide me couvrir le visage; ce n'était pas la peur de la mort elle-même qui me rendait faible en ce moment, mais celle des horreurs de toute nature dont je pouvais être la victime. « Capitaine, dis-je, j'ai peur, oh! bien peur! Ne pourriez-vous pas me faire changer de costume? Voyez ma robe! et ces monstres qui vont venir! je voudrais être vêtue comme vous. Que faire? Ayez pitié de moi. » Le capitaine Rooney me regarda avec compassion. « Oui, vous avez raison, me dit-il, attendez. » Et il me présenta un double pantalon qu'il avait sur lui; puis, il me donna une chemise et une jaquette en toile de Chine. Je rentrai dans une cabine où je me débarrassai de ma robe, seul vêtement qui me restât, et je m'habillai à la hâte ; un des matelots me donna sa casquette, sous laquelle je dissimulai le mieux que je pus ma chevelure. Une seule épingle à cheveux me restait encore, et des souliers dans lesquels mes pieds étaient nus.

A peine avais-je fini d'opérer cette transformation que des cris partant de toute part nous annoncèrent l'approche de nos nouveaux ennemis. Ils montaient à l'abordage. Pendant ce temps-là les autres jonques, plus petites que les nouvelles, fuyaient à leur approche, comme des sauterelles effarées qu'on aurait surprises dévastant un champ de blé ; nous nous réfugiâmes dans l'une des chambres de l'arrière. Le capitaine avait ordonné à ses hommes de se grouper de manière à me cacher aux premiers regards de l'ennemi ; lui-même me masquait de sa personne, et Than-Sing se tenait à mes côtés. Il y avait bien en ce moment une quarantaine de jonques autour du *Caldera*. Chacune portait de vingt à quarante hommes, et les plus grandes avaient dix ou douze canons.

Chaque jonque a un chef qui commande despotiquement à une troupe de ces forbans, enrôlés sous l'étendart du vol et de l'assassinat. Les pirates qui infestent les lointains parages de la Chine ont pullulé d'une telle sorte dans cet empire de quatre cent millions d'âmes qu'ils exercent impunément leurs actes de brigandage. Il arrive même souvent qu'ils se pillent et se tuent entre eux dans des combats à coups de canons, où la victoire reste avec le butin à ceux qui ont les jonques les mieux armées. Comment peut-il en être autrement dans ce pays, qui n'a pas la moindre marine organisée pour les détruire ?

Nous étions réfugiés, ainsi que je l'ai déjà dit, dans une des chambres du fond ; comme une digue rompue, en un instant un torrent de ces barbares s'abattit sur notre navire. Les premières jonques n'ayant pu emporter qu'une faible partie du chargement, les nouveaux pirates faisaient encore une bonne prise avec ce qui restait de marchandises ; ils s'occupèrent donc à piller la cargaison sans paraître prendre garde à nous. L'appât du butin semblait seul captiver leur attention. Celles de leurs jonques qui étaient suffisamment chargées se détachaient des autres, et faisaient voile vers les côtes pour transporter leur prise dans des villages qui leur servaient de repaire. Tous ces misérables semblaient également animés du même esprit de destruction. Ainsi, dans le but d'emporter le plus de choses qu'ils pouvaient, ils brisaient tout avec une rage insensée; ils démolissaient à coups de hache les parois des cabines; dans la dunette, les parois volaient en éclats; le cuivre, le fer et le plomb étaient arrachés des panneaux et des portes enfoncées. Ils étaient parvenus à enlever le divan en velours vert qui avait été épargné jusqu'alors, à cause de sa grandeur; les planchers étaient jonchés de débris de thé, de café, de sucre, mêlés à des morceaux de biscuit, etc. L'indifférence qu'ils nous témoignèrent tout d'abord, ne dura pas longtemps. Il nous fallait à tout moment montrer la doublure de nos poches pour leur prouver que nous ne leur dérobions rien ; la foule de ces monstres fut un instant tellement compacte en se ruant sur nous, qu'ils faillirent nous étouffer. La seule robe qui me restait lors de leur arrivée, et que j'avais essayé de cacher, me fut enlevée comme tout le reste. Than-Sing ayant quitté un instant ses souliers, ils lui furent dérobés en un clin d'œil, ce qui chagrina fort le pauvre homme; ces chaussures étaient confectionnées à la mode de son pays. Un matelot parvint tant bien que mal, un peu plus tard, à lui en arranger une paire avec des morceaux de cuir qu'il découvrit dans des débris de toutes sortes.

Notre position au milieu de ces hommes dénaturés était horrible; aussi l'égarement se peignait-il sur nos physionomies. Mon costume n'avait pu les tromper; ma figure, sur laquelle la douleur était empreinte d'une manière si profonde, leur divulgua sans doute mon sexe, car ils me considéraient avec une curiosité avide.

Plusieurs d'entre eux nous demandèrent d'un air railleur si nous pensions toujours aller à Hong-Kong; comme nous restions silencieux et abattus, ils se mettaient alors à rire avec des éclats bruyants. Quelques-uns, aux regards cruels et féroces, s'approchaient de nos matelots et faisaient le simulacre de leur couper la tête. Mourante de frayeur, je me faisais aussi petite que possible en me blotissant au plus épais de mes compagnons. A quoi tenait notre existence au milieu de ces êtres sans pitié et sans loi?

Qui sait ce qui serait arrivé à la première goutte de sang, ne fût-elle tombée que d'une égratignure ?

Cette avalanche humaine vint pourtant à s'éclaircir. Vers le soir de ce même jour, nos matelots, à moitié morts de fatigue, se plaignirent amèrement de la faim. Il nous vint un secours tout à fait inattendu. Parmi ces pirates, il y en avait un qui semblait avoir quelque pitié pour nous, il apparaissait de temps à autre et nous considérait en silence, puis il se plaisait à nous montrer dans l'une des jonques sa femme et ses enfants. Nous prêtâmes involontairement quelque attention aux êtres qui lui étaient chers. Ce pirate, père de famille, voulut alors nous témoigner le plaisir qu'il en ressentait, car, au moment où nous déplorions notre dénûment, il nous apporta du riz et une marmite pleine d'un ragoût arrangé à la mode chinoise; ce mets était surtout remarquable par une sauce jaune comme du safran. Nos matelots, peu habitués aux douceurs du confortable, s'en régalèrent. Il n'y eut que moi qui y touchai du bout des lèvres; il me fut impossible d'en avaler deux cuillerées ; je lui trouvais une saveur capable de provoquer les vomissements. Je mangeai un peu de riz pour calmer les atroces douleurs d'estomac que je commençais à ressentir.

Than-Sing, depuis un instant, causait avec cet honnête brigand, quand il vint nous dire, à notre grande surprise, qu'il lui proposait, moyennant une forte somme d'argent, de nous faire évader; une telle proposition ne pouvait avoir d'autre effet que d'être bien accueillie. Le capitaine, par l'entremise de Than-Sing, convint avec cet homme du prix de notre liberté, du lieu où nous déposerait la jonque et où il toucherait la rançon. Ce devait être à Hong-Kong. Ce projet arrêté, il s'éloigna en promettant de nous avertir quand l'heure propice à notre fuite serait arrivée.

L'imagination fait de si rapides progrès dans un moment critique, que je me laissai aller à croire que nous allions être sauvés. Aussi, je portais, malgré le mal éprouvé déjà, des regards reconnaissants sur cette jonque amarrée près de nous. J'examinais d'un œil avide tout ce qui s'y passait, et je voyais sous les derniers rayons d'un beau soleil couchant des enfants jouer, courir, se chamailler; des femmes chinoises, des femmes pirates je devrais dire, qui faisaient l'office des matelots, en s'employant aux manœuvres. Deux d'entre elles portaient un jeune enfant sur leur dos dans un sorte de sac d'étoffe, ce qui ne les gênait pas le moins du monde pour grimper comme des chats, partout où elles étaient utiles. Les têtes nues de ces enfants, que les mères portent ainsi jusqu'au jour où ils peuvent marcher, ballottaient, allaient, venaient de tous côtés, que cela faisait peine à voir. Mais peut-on rien changer aux coutumes? Cette habitude semi-barbare, ce qu'il y a de certain, ne les empêche pas de croître, et encore bien moins de multiplier. J'achevais à peine ce raisonnement en moi-même, qu'un de ces bambins se laissa choir par-dessus le bord. Malgré moi, je jetai un cri. Inutile de dire qu'il fut bien vite retiré de l'eau. Je pus voir alors que cet enfant avait des petites vessies remplies d'air attachées à ses vêtements. Les parents prennent ces précautions afin que s'ils viennent à tomber dans l'eau, ils n'aillent pas si vite au fond.

Or, cette jonque sur laquelle, à tort ou à raison, nous avions quelque espoir, prit le large.

Avions-nous été l'objet d'un jeu cruel? ou bien

éprouvés traîtreusement ? C'est ce que nous ne pûmes savoir. Toujours est-il, que nous ne revîmes pas notre pirate. Nous finîmes par croire qu'il avait été retenu par la crainte de voir sa trahison découverte, ou d'être rejoint dans le cours de l'évasion par les autres jonques. Il avait pensé peut-être aussi que la somme qui lui était offerte ne compensait pas suffisamment le danger de mort auquel il s'exposait en nous tirant des mains de ses complices.

La nuit étant tout à fait venue, les jonques se détachèrent peu à peu des flancs du *Caldera* et gagnèrent le large. Il n'était pas probable qu'il en revînt en aussi grand nombre, car, de retour dans les villages, elles ne manqueraient pas d'annoncer que notre navire était complétement vide de sa cargaison.

Leur départ nous laissait la perspective d'une nuit plus calme que les précédentes ; mais, d'un autre côté, nous restions sans ressources sur notre navire délabré. Qu'allions-nous devenir ? Au loin, devant nous, était Macao, on en voyait la direction entre deux montagnes ; que de désespoir à cette vue ! La vie était là, si près de nous, et nous ne pouvions rien pour notre salut. Quand même nous eussions essayé de lever l'ancre et de laisser dériver au hasard le navire dépouillé de sa mâture, toutes nos chances ne nous permettaient que d'échouer sur la côte. Pour échapper aux angoisses nouvelles que nous ressentions, nous fîmes nos préparatifs afin de prendre quelque repos, c'est-à-dire que chacun s'étendit tant bien que mal sur le plancher, assez près les uns des autres, de manière à être tous debout à la moindre alerte. Mes compagnons me réservèrent un mauvais banc que les pirates avaient dédaigné, et sur lequel je m'étendis à mon tour avec résignation.

Quel tableau! une mèche fumante brûlait dans un peu de graisse et jetait des lueurs blafardes sur toutes ces figures amaigries par la souffrance. Cette chambre, si fraîche et si coquette quelques jours auparavant, avait maintenant l'aspect d'un de ces hideux caveaux des *Mystères de Paris*. Tous ces matelots avec leurs costumes salis et souillés par le travail, aux teints hâlés, aux mains rudes et noires, étaient navrants à voir; et quand je pense que je ne faisais aucun contraste avec ces hommes par les vêtements dont j'étais vêtue; par le danger qui me tenait rivé sous sa griffe, comme eux, j'avais un pied dans la tombe. Voyant chacun s'endormir peu à peu, je restai seule à songer aux chances horribles de ma destinée. Je cherchais dans mes souvenirs quelle faute j'avais pu commettre pour endurer de telles épreuves; je fouillais ma conscience, je creusais mon esprit pour en trouver qui valût mes souffrances ; je ne voulais pour douter de la bonté divine.

Il pouvait être dix heures du soir; les bruits du dehors s'apaisaient peu à peu, et malgré moi, je me sentais agitée par mille pensées diverses. Je ne comprenais pas alors que des hommes pussent dormir sans songer davantage à leur salut. J'éprouvais comme une surexcitation nerveuse ; je me levai et me dirigeai en silence vers le pont, en passant à travers les débris qui m'arrêtaient à chaque pas. Là, je m'appuyai le long du bord. Nous étions seuls ! La mer ne faisait pas entendre le plus léger bruit; elle étincelait comme un miroir d'argent sous les pâles rayons de la lune. Cette calme solitude me fit une émotion telle que toutes les fibres de mon cœur furent émues. Je rentrai à l'intérieur de la dunette et j'appelai à voix basse le capitaine. Il n'était qu'assoupi, car il tourna vivement la tête de mon côté. Je l'engageai à me suivre sur le pont, ce qu'il fit aussitôt, assez étonné de mon air mystérieux. Quand nous fûmes là, nous nous arrêtâmes pour écouter un bruit de voix qui venait de l'avant. C'était une petite jonque dont les pirates étaient encore occupés à prendre les débris du chargement. Le capitaine se pencha par-dessus le bord pour calculer les hommes qu'elle contenait; ils pouvaient être huit à dix. Après cet examen il resta silencieux. Il paraissait réfléchir. Etonné de son silence, je l'entraînai vers la grande embarcation qui occupait le milieu du pont, et, la lui montrant, je lui dis : « Eh bien! capitaine, vous laissez dormir vos hommes ! » Il me regarda, cherchant à lire l'intention que j'attachais à mes paroles. Je repris aussitôt : « Voulez-vous donc attendre patiemment la triste fin qui nous est réservée, en ne faisant rien pour échapper aux mains des pirates? Je ne suis qu'une femme, moi : eh bien ! j'aimerais mieux aller au-devant de la mort et tenter quelque chose pour mon salut, que de l'attendre ici du poignard ou de la faim. Nous ne sommes qu'à vingt milles de Macao ; cette embarcation peut tous nous contenir ; une fois en mer, il est peu probable que les pirates, gorgés comme ils le sont, épient notre fuite ou essayent de nous atteindre. Partons ! fuyons ! capitaine, je vous le demande à genoux.

Il se pencha de nouveau par-dessus le bord, puis me faisant signe de le suivre, il rentra dans l'intérieur de la dunette où les autres semblaient dormir profondément. « Holà ! dit-il, que tout le monde se lève ! » Il communiqua alors ses intentions ; car, dans ce moment suprême où il fallait risquer sa vie, il ne pouvait guère donner des ordres. Au premier mot qu'il dit pour dévoiler le plan de l'évasion, les matelots se resserrèrent les uns contre les autres, avec un air d'improbation et de désobéissance. Cette marque d'hésitation mit aussitôt le capitaine en fureur ; et, s'adressant surtout au subrécargue et à son second : «Vous n'êtes pas des hommes, leur dit-il, et vous devriez rougir en voyant une femme, la première, vous donner l'exemple du courage : oui, la première, elle a pensé à braver la mort qui nous attend, en voyant dans une fuite quelque chance de salut ; et vous, vous hésitez, vous tremblez comme des lâches ! car je vois la peur dans tous les yeux.

Non, je le répète, vous n'avez pas l'énergie d'une femme ! »

Je dois dire ici quel était le plan d'évasion du capitaine Rooney. Il venait de proposer à son équipage de sortir sur le pont et de tenter, par la surprise, de se rendre maître de la jonque en égorgeant les huit Chinois qui s'y trouvaient. Alors, sans perdre de temps, la mer nous favorisant, nous faisions voile sur Macao, où il nous était possible d'arriver la nuit, selon toutes ses prévisions.

Je me gardai bien de dire une parole qui fût une approbation au milieu de ces débats sinistres ; mon rôle, en cette circonstance, devait être simplement passif, afin que ces hommes ne pussent croire que j'avais proposé ou applaudi à une tentative de meurtre. Leur réponse au capitaine me fit voir qu'ils m'accusaient d'avoir eu cette idée sanguinaire ; et, pourtant, je certifie que ce genre de coup de main ne m'était pas venu à la pensée. Le capitaine ne m'avait pas fait part de ses projets ; mais il n'avait pas douté de mon courage, puisque, la première, je lui avais donné l'idée de fuir. Il avait donc jugé à propos de me citer en exemple afin de leur faire honte.

Le subrécargue prit la parole en me jetant un regard de reproche et de menace tout à la fois. « Capitaine, dit-il, cette femme est folle, sans doute, et si elle a pu vous conseiller une pareille témérité, vous trouverez bon que nous vous refusions notre aide; cette tentative loin d'avoir le succès que vous en attendez, il pourrait se faire, au contraire, qu'elle tournât contre nous, parce qu'il est plus que certain que nous serions surpris en mer avant le jour par les pirates, et cette fois nous n'obtiendrions pas quartier d'eux; ils devineraient facilement d'où nous vient la possession de leur jonque maudite. » Ces raisons, qui combattaient le plan du capitaine, étaient justes; aussi parurent-elles le convaincre; il proposa alors d'exécuter en partie le projet d'évasion qui pouvait nous faire conquérir la liberté. Il s'agissait de démarrer l'embarcation et de la débarrasser de la charge de charbon de terre dont elle était remplie jusqu'à moitié. En ce moment, et comme pour favoriser notre fuite, la dernière jonque qui était à l'avant du navire s'éloigna et gagna le large; nous étions donc seuls pour la première fois depuis le commencement de notre captivité; et nous pouvions travailler avec plus de sécurité à notre délivrance. Pendant que tous les hommes se livraient à ce travail, je montai sur le pont de la dunette, et là je me mis à chercher dans les débris de toutes sortes qui gisaient à cette place ; la lune brillait dans son plein, elle me permit de découvrir quelques-unes de mes lettres, toutes maculées et déchirées ; je les ramassai en poussant un douloureux soupir, et les serrai pieusement sous mes habits. j'allai ensuite au milieu de mes compagnons. L'embarcation fut bientôt débarrassée de la charge de charbon qui l'encombrait. Mais les craintes du capitaine n'étaient que trop réelles ; on s'aperçut que plusieurs planches étaient disjointes et qu'elle ne pourrait tenir la mer. Le désapointement fut grand ; on redoubla néanmoins d'activité ; on ferma tant bien que mal ces trous, ces fissures qui s'opposaient à nos projets. Enfin, après un travail des plus opiniâtres, au moyen de fortes poulies, on parvint à hisser la chaloupe le long du bord. Un bruit sourd s'ensuivit ; elle touchait la mer. Nous étions tous penchés sur le bastingage ; la moitié du corps en dehors du navire, nous plongions nos regards avec une anxiété fébrile dans le fond noir de ce grand canot, demandant à Dieu qu'il ne nous abandonnât pas. Dix minutes s'étaient à peine écoulées, que la voix du capitaine résonna comme un glas à nos oreilles; il articula d'une voix sourde : « C'est impossible! » Et c'était en effet impossible. L'eau, qui avait pénétré d'abord lentement, monta peu à peu et remplit la barque à moitié. Chacun se retira en silence : les grandes souffrances ne s'expriment pas. J'allai de nouveau m'étendre sur le banc où, deux heures avant, j'avais cru à la possibilité de notre salut. Il fallait remettre au lendemain l'espoir de nous sauver.

Le lendemain était le 10, les matelots se mirent à l'œuvre avec ardeur. Cette embarcation nécessitait un travail de huit à dix heures au moins, pour la rendre propre à notre fuite ; encore fallait-il que nous ne soyons point assaillis, comme dans la journée précédente, par de nouveaux pirates. Une partie du jour se passa sans que nous aperçussions la moindre voile ; c'était presque du bonheur de nous voir ainsi isolés. Nous parcourions en tous sens le *Caldera*, qui n'était plus qu'un amas de décombres. Ce malheureux navire, vidé jusqu'à la cale, avait un aspect hideux et misérable, et son délabrement faisait mal à voir : il n'y avait pas un mètre carré où l'on pût mettre les pieds.

Comme tous les agrès de la chaloupe avaient été enlevés, on fut obligé de les remplacer par de longs bambous qu'on parvint à découvrir dans la cale; à l'aide de cordes, on adapta à ces mêmes bambous des planches destinées à faire le service des avirons. Des morceaux de toile furent ramassés, taillés et cousus ensemble pour faire une voile; tout marchait au gré de nos désirs; la nuit était venue. Nous allions enfin partir, lorsque nous aperçûmes deux jonques venant à pleines voiles dans notre direction; elles eurent bientôt abordé ; nous nous réfugiâmes au plus vite dans nos cabines, après avoir fait disparaître, autant que possible, toutes traces de nos préparatifs. Les pirates qui débarquèrent vinrent d'abord s'assurer de notre présence; plusieurs d'entre eux, portant des lanternes, nous les passèrent devant le visage, comme s'ils cherchaient quelqu'un. L'inquiétude fit place à la terreur, lorsque arrivés à moi, qui m'étais cachée derrière tous les autres, ils parurent joyeux et satisfaits. L'un d'eux me fit signe de me le ver; je les regardais avec les yeux hagards, mais sans faire un seul mouvement. Un autre, que mon inertie irritait sans doute, fit tournoyer son sabre autour de ma tête. Ce geste menaçant ne pouvait qu'augmenter mon effroi, et je ne sais ce que je serais devenue, si, à ce moment, un grand cri ne se fût fait entendre et ne fût venu attirer leur attention..... Ce cri provenait d'un des leurs qui s'était laissé choir à fond de cale par l'ouverture de l'entrepont laissée ouverte. Les matelots qui se trouvaient les plus rapprochés de cet endroit se hâtèrent d'aller le retirer; ils le rapportèrent sur le pont à moitié mort. Cet incident détourna l'intention qu'avaient les pirates de s'emparer de ma personne, car ils ne donnèrent pas suite à leurs menaces; ils se contentèrent de faire une perquisition à l'intérieur. Cependant, nous n'étions pas encore au bout de nos alarmes; un matelot accourut tout effaré. Plusieurs de ces maudits barbares, sous prétexte d'éclairer leurs recherches, promenaient, de côté et d'autre dans l'entrepont, des torches enflammées, et cela avec une indifférence qui marquait bien leur intention cruelle; les étincelles volaient autour d'eux sur toutes choses inflammables, et elles auraient certainement suffi à mettre le feu au navire, si nos matelots ne s'étaient hâtés de les suivre, en jetant de l'eau pour les éteindre à temps. A notre grande joie, ils finirent par s'éloigner.

Quand ils furent à une assez grande distance, on se mit de nouveau à l'œuvre ; les agrès furent disposés dans la chaloupe; elle faisait encore eau par certains endroits, mais il n'y avait plus à reculer. Personne, du reste, en ce moment solennel, n'éprouva la moindre hésitation ; il ne s'éleva aucune objection à l'encontre de cette entreprise hasardeuse. Chacun s'en remettait à la grâce de Dieu et acceptait d'avance, comme une des plus douces fins de sa triste existence, la chance d'être englouti au sein de cette mer lointaine, plutôt que de rester exposé à mourir lentement dans les tortures de la faim, ou violemment du sabre des pirates. Cependant, l'aspect du temps ne pouvait que nous ébranler dans nos résolutions, si l'espoir de recouvrer la liberté eût été moins vivace dans nos cœurs; en effet, le ciel, qui, depuis la dernière tempête, avait gardé la plus grande sérénité, s'était peu à peu chargé de nuages; le vent, qui jusqu'alors nous avait été propice, soufflait maintenant en sens contraire et venait debout. La mer, comme si elle s'opposait à nos projets, fouettait contre *le Caldera* ses vagues, qui semblaient autant de barrières impossibles à franchir. Le capitaine, à ces signes de mauvais augure, hochait encore la tête ; mais notre décision était irrévocable. On procéda à l'embarquement ; il était difficile d'atteindre la chaloupe ; le navire tirant beaucoup moins d'eau par suite de la prise de son chargement, s'était haussé, de sorte qu'il existait une distance énorme entre le pont et le canot. Aussi fallut-il avoir recours à des cordes avec lesquelles on nous lia, le matelot blessé et moi, afin de nous faire descendre sans accidents ; les autres, ayant l'habitude des manœuvres, se laissèrent glisser le long du bord, et bientôt nous nous trouvâmes réunis au nombre de vingt-deux, prêts à gagner la pleine mer.

Le capitaine se mit à la barre ; le subrécargue, le marchand chinois, le matelot malade et moi, nous nous assîmes près de lui. Comme nous avions vent debout, il fallut renoncer à hisser la voile ; dès les premiers coups de rames, les matelots s'aperçurent qu'ils auraient à lutter. Des lames courtes et serrées, poussées par des courants, s'opposaient à notre marche. Un moment, je tournai les regards vers *le Caldera;* sa noire silhouette semblait grandir à mesure que nous nous en éloignions ; elle se projetait dans le sillage de la chaloupe comme un bras immense toujours prêt à nous ressaisir. Haut de bord sur les flots, notre navire avait l'aspect sinistre d'un immense mausolée destiné à renfermer tous les malheureux égarés sur cette mer funeste. Hélas ! nous fûmes impuissants à le fuir. Ces avirons improvisés rendait le plus triste service. A cause de leur mauvaise forme, ils n'avaient aucune prise dans l'eau. Les vagues, en outre, entraient à profusion au point que quatre hommes suffisaient à peine à rejeter l'eau à mesure qu'elle pénétrait ; le froid d'un vent glacial commençait à nous engourdir. Nous fîmes jusqu'à trois milles dans ces tristes conditions ; enfin, après quatre heures de tentatives vaines, d'efforts surhumains, les matelots déclarèrent que leur état de faiblesse ne leur permettait pas de faire davantage pour le salut commun ; c'était un arrêt du ciel : *le Caldera,* que nous avions abandonné, nous forçait, pour ainsi dire, à revenir à lui. Devions-nous donc finir nos jours sur ce navire maudit? « Retournons!» dit le capitaine d'une voix rauque; et l'accent qu'il donna à ce seul mot disait assez qu'il se regardait comme vaincu par la fatalité. « Eh bien ! retournons, capitaine, lui répondis-je; après tant de souffrances, la mort ne peut qu'être douce. » Le courant, qui était le seul obstacle à la réussite de notre entreprise, nous entraîna donc en peu de temps vers notre point de départ et nous colla contre les flancs du *Caldera*, que nous avions cru quitter pour toujours. La corde qui avait servi à nous descendre pendait le long du bord; les matelots y grimpèrent avec agilité, et, parvenus sur le pont, nous jetèrent de nouveaux cordages à l'aide desquels, après mille difficultés, on nous hissa, le matelot malade et moi.

Lorsque je me retrouvai sur ce plancher de malheur, je fus prise d'un vertige, mes yeux se fermèrent, et je tombai lourdement; la vie s'échappait en moi, épuisée, comme je l'étais, par la douleur et les tortures de la faim. Mon évanouissement dura assez longtemps; en rouvrant les yeux, je me vis étendue sur mon banc, enveloppée de quelques morceaux de voiles. Chacun de ces hommes, pour me couvrir le corps et me rendre un peu de chaleur, s'était défait d'un vêtement; comme il n'y avait que de l'eau, ils m'en offrirent; ils me prodiguèrent tous les soins qu'ils purent pour me rappeler à la vie : il m'eût été si doux pourtant de mourir ainsi ! Tous mes compagnons rangés autour de moi me considéraient avec compassion; à travers la lumière enfumée, je vis quelques-uns de ces hommes rudes verser des pleurs ; ma vue réveillait peut-être chez eux le souvenir d'une mère, d'une sœur, d'une femme ou d'une fille, enfin de quelque être qui leur était cher. Des larmes brûlantes coulèrent de mes yeux, car moi aussi je pensais à ma famille, à la France que je n'espérais plus revoir.

Tout retomba bientôt dans le silence; on se groupa sur le plancher de la petite chambre, et chacun s'y étendit de nouveau, attendant, dans un repos sinistre, le réveil du lendemain.

. . . .

Ce lendemain était le 11 ; lorsque je m'éveillai, le

jour commençait à poindre; j'avais dormi quelques heures, et ce court sommeil avait momentanément effacé le souvenir de mes souffrances. Mais je fus bientôt rappelée à l'affreuse réalité; à peine avais-je les yeux ouverts, que j'aperçus, à quelques pas de moi, plusieurs de ces hideux Chinois armés de sabres et de pistolets. Than-Sing discutait au milieu d'eux : il paraissait dans la plus vive agitation. Il y en avait un qui commandait les autres, car il me désignait du doigt. Je considérais cette scène avec stupeur, mais sans tressaillement de crainte, de longs jours de jeûne et de si poignantes émotions commençaient à me faire perdre le sens de ce qui se passait autour de moi. Than-Sing interpella le capitaine Rooney, en lui disant: « Le chef que voici veut vous prendre, ainsi que la dame française et moi, pour nous emmener à Macao; là, il espère tirer de nous une bonne rançon. » Ce dernier, comprenant que cette demande du chef des pirates équivalait à un ordre, ne répondit que par un signe d'acquiescement. Aussitôt je fus saisie, secouée, entraînée sur le pont. Je n'essayai même pas de me défendre contre cet enlèvement subit, parce que, je le répète, ma raison, cette fois, se trouvait comme ébranlée. Than-Sing dut obéir le premier ; une mauvaise échelle qui faillit se rompre au milieu servit à nous descendre. Arrivée sur la jonque, je levai la tête sur *le Caldera* pour voir si notre capitaine nous suivait; mais je restai foudroyée d'étonnement; les pirates, après s'être laissé glisser vivement à leur tour, par une manœuvre habile, poussèrent au large sans prendre le capitaine Rooney. Ce qui se passa dans mon être, en présence de ce coup inattendu, est inexprimable à dépeindre. A mon départ, j'avais été recommandée aux soins de ce courageux marin ; dans le malheur qui nous accablait, il avait veillé sur moi avec une touchante sollicitude. Lorsque je me vis séparée de mon unique protecteur, que je me vis seule au pouvoir d'hommes barbares, d'assassins redoutés pour leurs cruautés, je ne comprends pas, à l'heure qu'il est, comment je ne succombai pas à tant d'épreuves ; ne devais-je pas me croire perdue, entièrement perdue ? Je levai les bras vers mes compagnons d'infortunes, en signe d'adieu éternel, et je pus voir encore le capitaine Rooney. Penché sur le bord, il nous suivait du regard ; sa consternation, ou plutôt son désespoir paraissait grand, car il s'écriait avec des gestes désespérés : Emmenez-moi! prenez-moi aussi! Et tout à coup, comme s'il comprenait l'inutilité de ses efforts, il se cacha le visage dans les deux mains; il pleurait peut-être?... Je lui fus toujours reconnaissante de cet élan de pitié!

Il est peu de peuples, je crois, où la lâcheté, la fausseté, la cupidité, la cruauté soient plus dominantes que chez les Chinois : les sauvages, sous ces différents points, ont leur excuse, eux; car, s'ils se rapprochent de la bête par leurs instincts, c'est que Dieu a voulu qu'ils fussent marqués du sceau de l'ignorance. Tandis que la Chine, entachée comme elle l'est dans ses mœurs perverses et vicieuses, a possédé au plus haut degré la civilisation; elle a porté la lumière quand nous étions encore dans les ténèbres. Cette décadence m'autorise à faire ici quelques remarques judicieuses sur leur caractère.

Le Chinois, vil par nature, parle très-haut et très-fort quand il sait qu'il est soutenu. Dans un moment difficile, il n'attaquera jamais son adversaire en face, parce que la bravoure est un vain mot pour lui, et qu'il ne sait pas ce que c'est que d'affronter un véritable danger. Ce qu'il aime, avant tout, c'est un meurtre, une torture isolée, dont il peut se repaître ; une preuve à l'appui, c'est le plaisir qu'ont les Chinois en général à tourmenter les animaux. On sait, en outre, qu'ils ont droit de vie et de mort sur leurs enfants. Les nouveau-nés, soit parce qu'ils sont malingres ou chétifs, sont souvent étouffés ou jetés à l'eau, ou, ce qu'il y a de plus affreux encore, égorgés et laissés à l'abandon sur un fumier où ils pourrissent. On rencontre les pauvres créatures dans une rue, sur une place, au milieu d'un champ, quelquefois à moitié rongées par la voracité des chiens, des chats, des corbeaux, des porcs, lesquels sont toujours à l'affût d'une telle proie. C'est surtout les filles que l'on sacrifie ainsi ; les garçons à leur entrée dans le monde sont au contraire salués d'une bienvenue ; car le devoir d'un fils est de donner aide et protection à son père lorsqu'il devient caduc.

Ceci a un côté moral qui ne manquerait certainement pas d'éloges, si les mœurs et coutumes des Chinois sur leurs enfants en général pouvaient être compensées.

Désormais la proie de ces monstres, et connaissant

à fond leur barbarie, ne devais-je pas me considérer entièrement perdue?

La jonque fuyait toujours!

Quelques minutes s'étaient à peine écoulées, lorsqu'on nous fit entrer dans une petite cabine qui servait de chambre au capitaine des pirates, lequel avait l'air tout joyeux de notre capture. Il appprit à Than-Sing que le capitaine Rooney allait être dirigé sur Hong-Kong ou Macao; que, là, il devrait traiter de sa rançon et de la nôtre, mais qu'il ne nous relâcherait que s'il trouvait la somme de notre rachat suffisante. Il ajouta que, dans sept ou huit jours, nous rencontrerions la jonque avec laquelle il s'était donné rendez-vous; jusque-là, il nous fallait demeurer en otages.

Peu de temps après, on nous fit remonter sur le pont. Je jetai les yeux avec anxiété autour de moi pour voir si j'apercevrais encore notre navire; mais nous en étions déjà fort éloignés, il avait disparu. Parvenus à l'arrière, deux Chinois enlevèrent un panneau en bois de la dimension de deux pieds carrés, servant d'entrée à un petit réduit, dans lequel on nous enjoignit de descendre. Que l'on juge des tortures nouvelles qui nous étaient réservées : dans cet étroit espace, il nous était impossible de nous tenir debout; nous nous assîmes, nos têtes touchaient au plafond; nous essayâmes de prendre une position meilleure en nous allongeant tout de notre long, à peine avions-nous de quoi étendre nos jambes. Le panneau étant ouvert, toute la lumière du jour entrait, et nous voyions le ciel; une fois notre prison fermée (ce que l'on fit un instant après que nous y fûmes), nous n'avions de jour que par une lucarne de huit pouces carrés, qui donnait sur l'endroit où se mouvait le gouvernail; pas un souffle d'air n'y parvenait, à moins que l'on n'ouvrît la trappe, et ce soulagement semblait ne pas devoir nous être souvent accordé.

Je fis quelques questions à Than-Sing sur les projets de nos ennemis; il me dit qu'il ne fallait croire à aucune de leurs paroles; il fallait que le digne homme fût bien désespéré pour mettre aussi peu de précautions à me préparer à toutes les catastrophes. Il y avait tout au plus une demi-heure que nous étions là, lorsqu'un bruit sourd retentit au-dessus de nous; Than-Sing et moi nous nous regardâmes avec quelque surprise, ce bruit devenait plus distinct, on semblait clouer le panneau qui nous recouvrait ; une pâleur livide me couvrit le visage. Sans nous dire un mot, la même pensée nous était venue à tous deux : c'était notre tombeau que les pirates fermaient en ce moment ! Ils nous avaient pris pour nous laisser mourir lentement par le manque d'air, d'eau et de vivres. Un frisson mortel me parcourut tout le corps. Il doit en être ainsi, me disais-je, lorsqu'on est cloué vivant dans un cerceuil. J'étendis les bras et j'essayai de soulever de mes faibles mains ce panneau qui pesait sur nos têtes; mes efforts restèrent impuissants. Oh ! alors, j'eus un véritable désespoir. Cette idée, qu'il me faudrait endurer les tortures d'une horrible agonie et voir celle de mon compagnon, ébranlait ma raison. Je voulais me briser la tête contre les parois de mon cachot ; je voulais me débarrasser de cette vie maudite : la folie commençait à s'emparer de mon cerveau brûlant. En ce moment, deux mains pressèrent les miennes, c'étaient celles de Than-Sing ; le malheureux me regardait avec des yeux baignés de larmes. Il m'exhortait, avec de douces paroles, au calme, à la résignation ; je voyais, sur son visage, des pleurs couler lentement. Moi aussi je pleurais en songeant que j'étais au pouvoir de ce peuple cruel qui exècre tout ce qui n'est pas lui. Nous passâmes ainsi deux heures ; au bout de ce temps, le panneau qui fermait notre cellule fut enlevé comme par enchantement. Le grand jour nous frappa au visage, nous étions inondés des rayons du soleil. Après les tortures morales que je venais d'éprouver, je compris que c'était une épreuve à laquelle ces êtres dénaturés nous avaient soumis. Ils jouissaient, en ce moment, du mal qu'ils supposaient nous avoir fait ; ils passaient leur visage par l'ouverture et riaient méchamment en nous regardant. Comme ils allaient refermer encore le panneau, Than-Sing les supplia de le laisser entr'ouvert pour renouveler l'air ; ils y consentirent et l'écartèrent de trois pouces, ce qui nous donna en même temps un peu de jour.

Vers le soir, on nous apporta un petit baquet qui contenait de l'eau pour que nous pussions nous laver les mains et le visage. Ma faiblesse était si grande que ma tête me semblait lourde à porter ; aussi, mon premier mouvement fut la plus complète indifférence, mais l'offre de ces ablutions n'était pas sans motif. Une provision de riz, de poisson et de thé nous fut apportée. Le pauvre Than-Sing rayonnait de plaisir. « Mangez, me dit-il, il ne faut pas que nous ayons l'air de les craindre. » Ces mots me décidèrent. Je pris, avec une certaine émotion, ce peu de nourriture; mais mon estomac était tellement délabré qu'après de grands efforts, c'est à peine si j'avais pu manger une demi-soucoupe de riz ; je bus du thé, et ce fut tout, quand il pouvait être huit heures. Un sabbat infernal se fit entendre; je me bouchai les oreilles. C'était l'instant de la prière. Il y a en Chine diverses religions, celle qui entraîne le plus de superstitions, d'idolâtrie est le bouddhisme. La religion de Confucius est, dit-on, la plus sensée, aussi est-elle le culte des savants, des hommes éclairés. Les Chinois font leurs invocations à l'aide des cymbales et des tams-tams. J'aurai plus tard occasion de parler de ces bizarres cérémonies.

La nuit étant tout à fait venue, les pirates firent monter Than-Sing sur le pont. Il vint quelques minutes après me dire que je pouvais y monter comme lui, pour prendre l'air. Nous étions alors mouillés dans une petite baie, non loin de terre. Plusieurs joncques étaient à l'ancre à peu de distance de la nôtre. On y célébrait aussi la prière; le son des gongs, des tams-tams arrivaient jusqu'à nous. Ce moment de liberté me fit du bien. Je reposais avec délices et amertume tout à la fois ma vue vers l'horizon; la mer était calme, et le ciel rempli d'étoiles les plus brillantes. J'aurais oublié les souffrances de ma captivité durant ce court instant où la nature bienfaisante semblait vouloir me consoler, s'il ne m'eût fallu bientôt rentrer dans ma prison.

J'avais de longues heures pour penser à moi-même. Quelles n'étaient pas mes craintes en songeant que j'allais fermer les yeux au milieu de ces hommes sans foi ni loi! Je me sentais heureuse d'avoir un compagnon d'infortune auquel son âge prêtait, dans ces heures d'affliction, un caractère tout paternel.

Quoique Than-Sing fût Chinois, j'avais pris confiance en lui, car sa constance était inébranlable; il cherchait à soutenir ma misère par des paroles de consolation. C'était pour moi un réel protecteur : « Tant qu'il sera à mes côtés, me disais-je, il éloignera peut-être les lâches tentatives de ces hommes sanguinaires; il saura, par sa persuasion, déjouer leurs mauvaises intentions. Et puis, pensai-je, si je suis délaissée de Dieu, je saurai bien trouver une nuit pour me jeter à la mer. »

Telles étaient mes noires réflexions, lorsqu'on nous apporta de la lumière, c'est-à-dire une petite mèche enflammée dans un récipient rempli d'huile. Malgré la faible clarté qu'elle répandait, elle me permit d'inspecter les extrémités de ce petit caveau. J'avais à peine jeté les yeux autour de moi que je poussai un cri ; je rentrai mes jambes, mes épaules, je me pelotonnai enfin pour ne pas toucher les planches qui nous entouraient. Je voyais courir, le long des parois, de grosses araignées velues à longues pattes, d'énormes cancrolats, des cloportes monstrueux avec de grandes cornes, et jusqu'à des rats qui s'enfuyaient dans les coins en glissant sur mes jambes. Ces barbares, voyant ma répulsion, ma douleur, étaient dans la plus grande joie ; ils se plaisaient à nous montrer, en les désignant du doigt, toutes ces bêtes immondes. Than-Sing, voyant ma répugnance, voulut éteindre la lumière, mais je l'en empêchai ; j'aimais mieux voir ces animaux hideux, afin de pouvoir les repousser, plutôt que d'en sentir le contact au milieu d'une nuit profonde. Il me restait un mouchoir ; je m'enveloppai la tête et cachai mes mains sous mes vêtements en me tenant immobile.

Le lendemain matin, à l'approche du jour, toutes ces bêtes horribles avaient disparu. On vint bientôt nous apporter des vivres ; d'abord, un petit baquet et de l'eau pour nous laver le visage et les mains, c'est une coutume chez les Chinois de ne toucher à la nourriture qu'après s'être livré à une ablution. Notre repas se composait, comme la veille, de poisson, de riz et de thé ; il me fit voir, cette fois, comment il fallait se servir des ustensiles qui remplacent la cuillère et la fourchette, et dont les Chinois se servent avec une dextérité toute particulière. Ce sont de petites baguettes longues d'un pied et de la grosseur d'un crayon ; on en tient deux ensemble vers le milieu, avec le bout des doigts, comme si l'on voulait écrire, et c'est avec les extrémités opposées à la main qu'on saisit les aliments pour les porter à la bouche. J'éprouvais alors une telle difficulté à faire usage de ces petites baguettes, malgré tout ce que s'efforçait de me démontrer Than-Sing pour m'en servir, que je renonçai à leur usage et employai mes doigts seuls pour manger.

Des pirates vinrent, comme le jour précédent, se pencher au-dessus de notre cellule pour nous considérer à leur aise. Ils se montraient les uns aux autres nos tristes personnes, et, par moment, il s'élevait de leur groupe de grands éclats de rire; un de ces misérables se pencha plus que les autres, et, nous regardant en riant d'un air sardonique, il désigna la place du marchand chinois et la mienne, en simulant, avec les bras, les gestes de deux personnes qui s'embrassent. A cette lâche insulte, un mal poignant me saisit au cœur; l'idée d'un danger honteux m'apparut et me fit monter le rouge au visage. Je laissai couler mes larmes en abondance; mon chagrin était profond : à quoi n'étais-je pas exposée! Le capitaine pirate apparut en ce moment; je ne sais s'il fut touché de mon affliction, mais il fit fermer le panneau. Par un hasard des plus singuliers, ce chef, contrairement à ses compagnons de brigandage, avait quelque chose d'affable dans la physionomie, et je dois avouer que, chaque fois que je l'envisageais, je ne me sentais saisie d'aucun mauvais pressentiment. Il était d'une laideur originale, si l'on peut dire : son visage était long et grêlé ; il avait les pommettes saillantes, un nez retroussé avec de larges narines, des sourcils épais, une grande bouche et de très-grands yeux noirs ; lorsque son regard se fixait il s'arrêtait lentement et semblait toujours exprimer une douce pensée, comme s'il eût toujours exprimé une douce pensée. Comme tous les Chinois, il était rasé jusqu'au sommet de la tête, il avait une épaisse et longue natte de cheveux qu'il portait parfois, à la mode des sauvages, en chignon noué et retroussé, ou bien enroulée en forme de couronne, ou tombante jusqu'aux talons ; chaque coiffure lui donnait une physionomie différente, mais ces diverses expressions lui étaient toujours favorables.

Or, l'apparente modération qu'il montra dans cette circonstance me fit espérer pour l'avenir.

Than-Sing, en cherchant à apaiser mes craintes, me fit part de toutes les questions que ces misérables lui avaient adressées. Ces maudits, pour s'amuser à ses dépens, lui avaient demandé combien il avait de femmes. La religion permet aux Chinois la polygamie, mais ils n'en abusent pas comme les mahométans. Les grands dignitaires en ont, dit-on, jusqu'à dix ou douze. Seulement dans les corps mixtes de la société, pour le négociant, par exemple, il en est à peu près de même. Le Chinois, en s'établissant, prend une femme ; sa maison vient-elle à prospérer, qu'il en prend deux, trois et plus ; c'est pour lui un signe de richesse. La première a un droit plus légitime que les autres, et ne peut être répudiée ; à elle le titre de mère pour tous les enfants qui surviennent des femmes supplémentaires, des petites femmes, comme les désignent les Chinois maris. Ces dernières donnent à leurs nouveau-nés des soins maternels mais domestiques tout à la fois, car ils doivent le respect et l'obéissance à la première épouse. Les pauvres n'en ont qu'une. Pour en revenir à mon ami Than-Sing, ils lui disaient donc avec raillerie, que si l'on n'offrait pas de nous une forte rançon, ils feraient de lui un pirate, et de moi la femme de l'un d'eux. Cette horrible confidence fut de nouveau pour moi un sujet de désolation ; mais le pauvre marchand chercha encore à me consoler, en me faisant observer que tout ce qu'ils lui avaient dit n'avait été qu'une feinte pour le faire parler, attendu que les hommes de sa nation ne pouvaient prendre femme que parmi celles de son pays. « Ainsi, ayez soin, ajouta-t-il, lorsque vous m'adresserez la parole de ne pas porter la main sur moi, car ils pourraient le remarquer et me faire un mauvais parti, voyant dans cette formalité une violation de cet usage. » Ces derniers mots me rassurèrent, et mes appréhensions précédentes se dissipèrent peu à peu. Il avait aussi répondu à toutes leurs instances pour connaître sa position, qu'il n'était qu'un pauvre homme allant chercher fortune en Californie, et qu'il avait obtenu un passage à bon marché à bord du *Caldéra*, avec les matelots. Il s'était bien gardé de leur laisser voir qu'il avait de l'aisance, de peur qu'on ne le soumît à quelques tortures et qu'on élevât de beaucoup le chiffre de sa rançon ; car il n'est pas d'atrocités que ces écumeurs de mer ne puissent commettre pour satisfaire leur cupidité. Et les habitudes de ces pirates lui étaient trop connues pour qu'il ne craignît pas à chaque instant pour notre existence. Cet estimable Chinois me parla ensuite de sa famille ; il habitait Canton, il n'avait qu'une femme, me disait-il, et trois filles, une de huit, dix-huit et vingt-cinq ans. L'aînée était mariée. Il paraissait les aimer tendrement, car il versait d'abondantes larmes à leur souvenir; il conservait peu d'espoir de les revoir un jour; je dois même dire que mon compagnon d'infortune ne croyait aucunement à notre délivrance. Toutes les fois que je le questionnais sur les mœurs des pirates, il me répondait toujours qu'ils aimaient à couper des têtes.

A ce point de la conversation, je m'arrêtais avec un certain frissonnement, car je savais par ouï dire combien le sang était répandu à profusion dans cet abominable pays, même de par la loi. Ainsi la peine capitale est une mort des plus douces comparée aux supplices qui s'exécutent chaque jour dans le Céleste-Empire. Un criminel ou condamné politique est jeté parfois dans un cul de basse fosse jusqu'à ce qu'il y pourrisse, qu'il y meure de faim; une victime doit-elle être étranglée, on lui crève les yeux, on lui coupe les oreilles, comme si la strangulation elle-même n'était qu'une légère punition. Un autre, on l'écorche vif ou on l'enterre presque vivant. Celui-là, on broie ses membres ou bien on l'écartèle ; celui-ci lié et serré entre deux planches, on le scie du haut en bas.

Toutes ces horreurs ne soulèvent-elles pas le cœur, rien qu'à les énumérer? Lorsqu'elles se présentaient à mon esprit, un nuage voilait ma vue, comme au bord d'un précipice ; je me sentais prise de vertige, j'étais au-dessus d'un abîme sans fond.

Ce jour là, les pirates demandèrent quels étaient mon nom, mon âge et mon pays. Than-Sing, à ces questions inoffensives, répondit que j'étais Française et qu'on m'appelait Fanny. Ces brigands recueillirent ces détails avec une curiosité toute joviale, car ils se plurent à répéter sur tous les tons : Fanny, Fanny. Mon nom, sortant de la bouche de tels êtres, me faisait un effet indéfinissable, je ne pouvais en croire mes oreilles.

Le soir venu, comme j'éprouvais une grande fatigue de ma séquestration, Than-Sing demanda qu'on me permît de rester sur le pont un peu plus longtemps qu'à l'ordinaire. On y consentit, et ce fut pour moi une occasion d'être témoin de leurs cérémonies religieuses.

Chaque jonque (comme chaque habitation chinoise) a un autel dressé, sur lequel brûle une quantité de petites bougies et où se trouvent déposées, en guise d'offrande, des portions de vivres. La prière a lieu chaque soir à la même heure ; elle commence par une musique qu'on exécute au bruit des cymbales et des tams-tams, ce qui fait un vacarme effroyable.

Je vis un jeune Chinois apporter deux épées qu'il fixa par la pointe sur le milieu du pont ; il déposa auprès un plateau garni de soucoupes, un vase plein de liquide et plusieurs feuilles de papier couleur jaunâtre ; ces dernières étaient destinées à être brûlées.

Le jeune coquin, après avoir rangé toutes ces choses, suspendit à l'un des mâts une lanterne allumée ; le chef des pirates apparut bientôt ; il se prosterna, avec le sérieux dû à la circonstance, devant cet autel improvisé. Je suivais malgré moi cette comédie bizarre, je regardais avec des yeux plus grands que l'étonnement ce prêtre bandit ; il baisait à chaque instant le plancher de la jonque, ou bien élevait des petites bougies en l'air. Au bout d'un instant, il saisit entre le pouce et l'index un vase plein de liquide et l'avala, le liquide, pas le vase ; il frappa ensuite des médailles l'une contre l'autre, en faisant les contorsions les plus drôles ; à ce moment, les instruments firent entendre leur tapage : c'est que la flamme commençait à consumer les précieuses feuilles de papier. Ce chef religieux les promenait autour des épées, comme pour les bénir. Lorsqu'elles furent à moitié brûlées il se dirigea à l'arrière de la jonque et les lança à la mer. Cette fois la musique cessa, la prière était achevée.

Cette cérémonie avait duré environ vingt minutes, et j'avais profité de tout ce temps pour respirer l'air frais de la soirée.

Une fois rentrée, j'essayai de prendre quelque repos, mais je ne pouvais en trouver. Les insectes qui nous infestaient, et desquels je ne pouvais me préserver, me privaient de tout sommeil ; je n'avais pas de bas, le dessus de mes pieds était couvert de leurs morsures. Les rats, qui, les premiers jours, s'étaient bien gardés de nous approcher, commençaient à s'habituer à nous, ils se hasardaient en plein jour à passer sur mes jambes.

Le 13, au matin, un incident vint troubler nos ennemis et les mettre en rumeur : un des leurs était tombé à la mer, ils se hâtaient, à l'aide de cordages, de lui porter secours. Après quelques difficultés, ils parvinrent à le retirer, mais il était complétement asphyxié. De l'ouverture de notre case, je voyais le moribond, il était assez près de nous pour que l'eau qui dégouttait de son cadavre se répandît dans notre cellule ; ces méchants êtres, avec ou sans intention, l'avaient appuyé sur le panneau qui laissait une légère ouverture. Il paraît qu'on s'était aperçu trop tard de sa disparition, car tous les efforts tentés pour le rappeler à la vie furent vains, bien qu'on le frictionnât à lui arracher la peau. Après un quart d'heure de tumulte, nous entendîmes des imprécations, et le bruit d'une masse lourde qui tombait dans la mer.

C'en était fait de ce misérable.

Notre jonque continuait sa route, louvoyant le long des côtes. Le 15, elle fit la rencontre d'une flotte de pirates ; tous se réunissaient pour donner la chasse à une jonque marchande qu'on apercevait au loin sous le vent et qui faisait le trajet de Hong-Kong à Canton avec des passagers. La nôtre se mit de concert avec eux pour l'attaquer. Oh ! alors, les heures de repos étaient passées, car l'activité la plus grande commençait à régner à bord.

Than-Sing entendait tous ces bandits discuter leurs plans d'attaque pour la nuit suivante et calculer les chances de profit qu'offrirait le butin. Ils s'apprêtaient à rentrer dans la vie de pillage et de carnage qui était leur élément. Je vivais dans une anxiété impossible à décrire ; je me demandais quel serait notre sort si nous étions faits prisonniers par de nouveaux pirates, plus cruels peut-être que les premiers.

Le soir venu, nous fûmes enfermés hermétiquement dans notre réduit. Il pouvait être dix heures, lorsque des cris pareils à ceux que nous avions entendus sur *le Caldera* retentirent dans l'air. Ils ne tardèrent pas à être suivis de plusieurs détonations lointaines, c'était le bruit du canon. Ces échos sinistres arrêtèrent les battements de mon cœur. Plus morte que vive, je songeais à l'imminence du danger. Un boulet ne pouvait-il pas venir nous fracasser dans notre retraite obscure ! Cette première détonation avait eu pour effet d'amener un profond silence à notre bord. Que pouvaient faire nos geôliers pendant l'interruption de leurs cris féroces? Ils se préparaient à la riposte, car deux coups successifs partant de notre jonque faillirent me rendre folle ; à cette détonation, tout sembla frémir dans les profondeurs de ce petit navire. Les trépignements, les hurlements quelque peu interrompus recommencèrent de plus belle ; cette attaque durait depuis une heure ou deux, lorsque nous entendîmes les canots emporter une partie de nos voleurs. Ces vautours couraient sur leur proie, en peu de temps ils fondirent sur cette jonque, et la mirent au pillage. Surprise à l'improviste, cette dernière n'avait pu se mettre en garde, ni faire une sérieuse résistance, nous le supposâmes du moins en entendant cesser le feu ; en outre, les bourdonnements extérieurs qui nous arrivaient, nous faisaient deviner aisément que nous étions tout proche de cet abordage.

En somme, les pirates paraissaient avoir remporté la plus facile des victoires.

Nous étions tellement suffoqués par la chaleur que Than-Sing essaya de soulever le panneau qui nous recouvrait ; mais aussitôt on le referma avec violence, au risque de lui briser la tête. Le marchand chinois achevait à peine de faire cet effort, que nous entendîmes de longs cris de douleur. Ils nous parvenaient d'une manière si effrayante dans l'obscurité, que poussions malgré nous des exclamations. Au comble de la frayeur, je pressai Than-Sing de questions, je voulais qu'il m'en expliquât la cause. Mais il garda un morne silence, et, comme j'insistais, il me répondit pour la première fois avec mauvaise humeur : « Je ne sais pas. » Le brave homme, dans la crainte de m'affliger, me raconta le lendemain seulement la scène horrible qui se passait alors, et que je vais essayer de décrire.

Les pirates, après l'abordage de la jonque marchande, avaient brutalement fouillé tous les passagers. Plusieurs de ces malheureux, ayant eu l'imprudence de dire qu'ils venaient de la Californie, furent bientôt victimes de la rapacité de ces monstres. Dans le but de leur faire avouer la somme de leurs richesses, on les flagella de la manière la plus hideuse, plusieurs furent attachés par le pouce de l'un des pieds ainsi que par celui de l'une des mains à une corde qui roulait dans une poulie fixée au grand mât, et leur corps, suspendu par les extrémités délicates, fut mis en mouvement de haut en bas et de bas en haut, avec des secousses si brusques, si violentes, qu'elles arrachaient aux victimes ces cris de souffrances qui étaient parvenus jusqu'à nous. Souvent, après une ascension suivie d'une chute rapide, on les frappait encore avec un bambou. Bien que Than-Sing n'eût pas été témoin de ces horribles scènes, il connaissait trop bien les mœurs de ces brigands pour n'avoir pas compris de suite à quel genre de cruautés ils se livraient. De plus, leur langage cynique dévoilait sans honte les crimes qu'ils se plaisaient à commettre.

Le jour apparut, les clameurs cessèrent insensiblement, et l'on n'entendit plus que le clapotement de la mer le long de la coque du navire et le bruit des canots transbordant le butin; une partie du jour fut employée au pillage de la cargaison.

CHAPITRE VII

Désespoir. — J'écris la date de ma captivité. — Apparence de bonté des pirates. — Un joyeux repas. — Un steamer en vue. — Fuite des pirates vers la montagne. — Coups de canon sur notre jonque. — Reconnaissances. — Hourra ! Hourra ! — Je suis sauvée.

Avec le jour, nous avions espéré que l'on nous donnerait un peu de liberté, mais il n'en fut rien. Les pirates reçurent à bord les marchands avec lesquels ils font commerce de troquer en mer les marchandises volées, et tout préoccupés par l'appât du gain, ils semblaient nous oublier complétement. Mon séjour dans ce réduit insalubre avait fait sortir sur tout mon corps des petits boutons rouges et gros comme des têtes d'épingles; la sueur coulait de mon visage, il y avait si longtemps qu'on nous tenait enfermés dans cette atmosphère suffocante que j'étais pour ainsi dire asphyxiée. Étendue sur les planches de mon cachot je poussais de douloureux gémissements ; ma souffrance était grande, mon compagnon essayait par de douces paroles de relever mon courage, mais je n'avais pas la force de lui répondre. Après vingt-quatre heures d'un pareil supplice, un son métallique parvint jusqu'à nous. C'étaient ces dignes émules de Mandrin qui vidaient entre eux leurs comptes. Nous entendîmes verser des sacs, et le bruit que faisait l'argent en tombant dans les balances, car, outre les dollars, on se sert en Chine d'argent pur et non monnayé ; ce métal en barres ou en petits morceaux est reçu par tout le commerce.

Tous les receleurs s'en allèrent à la fin. Nos geôliers ne redoutant plus qu'on nous découvrît, se souvinrent de nous, il était temps ! Ils entr'ouvrirent notre panneau à moitié, et nous respirâmes à pleins poumons : j'aspirai avec délices la fraîcheur de l'une des nuits les plus belles que j'aie vues dans ces lieux lointains.

Le lendemain était le 17 ; le jour qui se levait était

brillant et splendide; les pirates vinrent à la première heure, à notre grand étonnement, enlever tout à fait notre panneau. Ils paraissaient joyeux et semblaient vouloir nous être agréables comme à des amis qu'une circonstance fâcheuse aurait forcé de négliger un moment. L'heure du déjeuner venue, ils nous apportèrent à manger avec plus d'abondance qu'ils ne l'avaient fait jusqu'alors et nous offrirent du vin. Cette boisson est faite avec du riz fermenté; elle est claire comme de l'eau, et possède un petit goût suret qui rappelle un peu le vin nouveau de France.

Comme la jonque marchait en vue d'une côte déserte, les pirates n'avaient aucune crainte relativement à nos personnes. Ils laissèrent donc, pour la première fois, notre cellule ouverte tout le jour; ils engagèrent Than-Sing à monter sur le pont, et cela avec une affabilité qui nous surprenait. Aussi, malgré la frayeur, la répulsion que m'inspiraient ces hommes, j'avais envie de le suivre. J'avais tant souffert pendant ces deux jours qu'ils m'avaient tenus sous le séquestre, que c'était pour moi un bonheur plein d'ivresse, de pouvoir jouir librement des rayons du soleil. Mon sang se vivifiait peu à peu; je me sentais revivre, enfin. Ne pouvant résister plus long-temps au désir de me tenir debout et de voir encore une fois la terre, je me dressai sur mes jambes et me trouvai de la sorte la moitié du corps en dehors de notre prison. Oh! comme c'était délicieux! après avoir vécu sept jours dans un cachot noir et sale; je promenais avec émotion mes regards dans l'espace, et je voyais à l'horizon les coteaux d'une riche verdure, dont les reflets étincelaient sous un beau soleil d'or. Au milieu de cette végétation apparaissaient par instants de blancs villages qui semblaient des points de broderie sur un long ruban vert. La vue de ce paysage éclatant de lumière me remplit l'âme d'une joie ineffable : je croyais revoir quelques beaux sites de ma patrie, de la France ! J'étendis les bras vers cette terre qui fuyait devant nous, et des larmes, que je ne pus retenir, inondèrent mon visage. Le chef des pirates passait en ce moment; il fallait que mon désespoir fût bien profond : je lui montrai la terre avec un geste expressif. Le bon Than-Sing, qui avait suivi avec intérêt toutes mes impressions, s'approcha de lui et se hâta de lui expliquer ce qu'il avait compris; c'est-à-dire que je lui demandais de nous rendre la liberté, la vie. Cette question coïncidait avec une circonstance qui pouvait entraîner pour nous de nouveaux hasards. La jonque qui était partie à Macao, emmenant notre capitaine pour traiter de notre rançon, n'était pas encore revenue. Elle était en retard d'un jour. Le chef des pirates me fit signe de la main de me calmer, et il dit à Than-Sing que, si dans cinq jours il ne se rencontrait pas avec la jonque qui avait dû aller à Macao ou à Hong-Kong, il nous ferait passer sur une autre qui nous y conduirait; il se refusa à nous donner plus d'éclaircissements sur notre avenir. Cette réponse vague ne fit que nous jeter dans une plus grande perplexité. Quel pouvait être, sur notre sort, l'effet d'une pareille décision? Ils nous mettraient sur une autre jonque, c'est-à-dire que, ne pouvant retirer aucun prix pour notre rançon, s'ils ne nous tuaient pas, ils se débarrasseraient de nous en nous exposant à de nouveaux dangers.

L'apparition subite d'un steamer, en admettant que le hasard nous fît trouver sur sa route, était encore plutôt un motif de crainte que d'espérance, car les pirates, sur le point d'être atteints, et plutôt que d'être pris en flagrant délit de rapt, ne préféreraientils pas nous jeter, mon compagnon et moi, à la mer, pour éviter d'être pendus, punition que notre présence entre leurs mains devait à coup sûr entraîner ? On voit ainsi à quel point se compliquait notre situation et qu'elle devait amener un dénoûment prompt, mais impossible à prévoir.

Le capitaine, lequel avait la voix enrouée d'une manière affreuse par les cris sauvages qu'il avait poussés la veille ; lequel, d'après l'opinion de Than-Sing, était le plus horrible scélérat ; lequel suait l'assassin par tous les pores, puisque des victimes, laissées à moitié mortes à cet instant, le maudissaient sans doute, me force encore une fois, à dire qu'il avait une grande bienveillance répandue dans la physionomie. Il m'engagea à monter sur le pont, si je devais m'y trouver mieux ; je ne pouvais qu'accueillir avec joie cette proposition ; ma vie s'était étiolée dans l'ombre. Pour la première fois, je me mis à regarder, sans trop de dégoût, ces hommes qui m'avaient torturée ; je me trouvais si heureuse de sentir la brise du matin m'effleurer le visage, que je retrouvai assez de sang-froid pour observer ce qui se passait autour de moi. Tous ces pirates allaient et venaient sur le pont d'un air joyeux ; ils s'occupaient à partager entre eux les dépouilles des infortunés qu'ils avaient pillés la veille. A ce spectacle hideux, mes yeux ne se détournèrent pas, mon cœur n'éprouva pas la moindre émotion. J'avouerai à ma honte que j'étais tout entière au contentement égoïste que je ressentais de ne plus être enfermée.

Je me reposais sur un petit escabeau que l'on m'avait offert.

Ce gibier de potence levait de temps à autre les yeux sur moi, si ce n'était l'un, c'était l'autre qui me regardait, mais, non plus, d'une manière sardonique ou menaçante ; il y avait, si je puis m'exprimer ainsi, dans leur joie, dans leurs évolutions, presque de l'enfantillage. Ils se plaisaient à me montrer différents objets qui leur passaient par les mains, comme font les enfants à une poupée, qu'ils veulent amuser. La lâcheté est si grande chez les Chinois, que la moindre bravoure leur en impose ; je ne veux pas dire ici que j'ai été brave, car je perdrais le charme naturel qui appartient à la femme ; ce que je veux dire, c'est que mon attitude, désespérée sans aucun doute, mais ferme au milieu d'eux, enlevait à leur goût sanguinaire une partie de son âcreté. Je dois le croire du moins, en rapportant les paroles de Than-Sing qui causait avec eux : « Ils me disent qu'il vous aiment, parce que vous avez un doux visage et des yeux qui expriment la bonté, et ils ajoutent que maintenant ils n'ont plus le désir qu'il vous arrive du mal. » Devais-je croire que j'avais paralysé la barbarie de ces hommes, ou n'est-ce pas plutôt que l'habitude de me voir à toute heure du jour, ma faiblesse même, avaient été autant de motifs pour arriver à me traiter avec moins de rigueur? D'un autre côté, leur cupidité me sauvegardait des excès de leurs instincts brutaux et cruels; et quand je pense que j'ai vécu au milieu de ces hommes, seule et abandonnée, je ne puis en croire mes souvenirs.

Après être restée environ deux heures sur le pont, je rentrai de ma propre volonté dans ma cellule. Je ressentis une lassitude extrême, que je m'expliquais par la séquestration que j'avais subie les jours précédents. Je m'étendis sur mes planches ; elles me semblèrent moins dures qu'à l'ordinaire; enfin, je ne sais pourquoi je ne me sentais pas aussi malheuheureuse. Je promenais mes yeux au hasard sans qu'aucune pensée occupât réellement mon esprit, lorsque j'aperçus un vieux livre, tout sale, que j'avais déjà remarqué ; il était écrit en allemand, langue qui m'était inconnue ; mais, bien que ce livre ne pût m'être d'une grande distraction, j'aimais à le retourner en tous sens, parce que c'était la seule chose qui me rappelât l'Europe. Il me vint alors à l'idée de tracer sur une des feuilles, restée blanche, un court résumé de ma position ; j'avais encore, au milieu de mon dénûment, une épingle à cheveux ; je la pris entre mes doigts, et, me servant de la pointe, j'écrivis, sur la page restée blanche, ce qui suit : « J'ai été » prise par des pirates chinois sur *le Caldera* ; ils me » retiennent prisonnière. Je suis Française. Nous » sommes au sixième jour, 17 octobre 1854. » Et je signai mon nom : « Fanny Loviot. » Puis, sur une autre page, j'écrivis la même chose en anglais. Pouvais-je espérer que ce livre servirait jamais à guider les recherches qu'on ferait peut-être pour me retrouver ? Hélas ! je calculais peu alors les probabilités ; je caressais des illusions qui me voilaient toute l'horreur de ma situation ; c'était pour moi une consolation de rêver à la France, à la liberté. Du moins, me disais-je, si je ne dois pas être délivrée, ce livre servira peut-être, après ma mort, à punir nos assassins. Je ne m'en tins pas là ; à l'aide d'un mauvais clou je gravai le plus lisiblement qu'il me fut possible, dans le cadre de bois intérieur qui recevait le panneau, mes deux noms et celui du *Caldera*. Chaque lettre avait au moins un pouce. L'inscription, où elle était écrite, devait sauter facilement à la vue.

J'éprouvais dans cette occupation une vague inquiétude, car les pirates allaient et venaient sur le pont et jetaient souvent des regards de mon côté ; mais ils ne se doutaient pas que ce que j'écrivais pouvait suffire à les faire pendre tous, si cela tombait sous des regards ennemis. Après ce travail, je me reposai. Tout un monde de pensées s'agitait dans ma tête ; je rêvais à la possibilité de voir se réaliser ce que mon esprit venait de me suggérer ; et, pour la première fois, machinalement, je me mis à approprier mes ongles, qui étaient longs et noirs, avec un petit fêtu de bois que je déchirai le long d'une planche ; jusqu'alors je m'étais refusé ce soin superflu dans mon état de détresse et d'abandon. Où donc courait ma pauvre imagination, pour que j'en vinsse ainsi à m'occuper de ma personne? Profitant de la permission qui m'avait été donnée, je remontai sur le pont. Les pirates continuèrent à me faire bonne mine. Plusieurs d'entre eux s'occupaient à détacher le petit canot qui était le long du bord. Ils allaient pêcher des huîtres à quelques brasses plus loin. Ce jour-là était, à ce qu'il paraît, une sorte de fête pour eux, car leur cuisinier, autour de ses fourneaux, semblait fort préoccupé de l'importance des plats qu'il avait à préparer. Il y avait un quart de porc, tournant dans une broche, qui se dorait à la flamme d'un brasier ardent, et de délicieux petits poissons avec l'éternel riz que l'on versait à profusion dans des plats. Tous ces préparatifs aiguisaient notre appétit. Quand vint l'heure du repas, nous nous retirâmes discrètement dans notre réduit.

Mais quelle ne fut pas notre surprise! non-seulement on ne ferma pas notre panneau, mais encore nous vîmes les pirates se ranger autour de notre case que le jour éclairait en plein, et s'asseyant sur le plancher, à la manière des Orientaux, ils se mirent en devoir de faire honneur à ce fameux repas. Le cuisinier commença à faire passer à chacun une portion de ces huîtres qui avaient mis tout l'équipage en révolution. (Ces huîtres, pour la grosseur et la qualité, peuvent être comparées à celles que nous appelons ici *pied de cheval*). Than-Sing et moi nous ne fûmes pas oubliés, les uns et les autres nous passaient une part de tout ce qu'ils mangeaient. Je commençai d'abord par goûter du bout des lèvres, me méfiant beaucoup des sauces chinoises; mais je ne tardai pas à sentir un petit fumet qui n'était pas désagréable. L'accommodement était une sauce très-relevée, à la provençale; ce devait être un de leurs mets de prédilection, car toutes les physionomies avaient un air de contentement extrême, sans excepter mon compagnon, qui avait une figure épanouie. Le tour du porc rôti vint ensuite; nous en eûmes notre part, de même que du poisson et du riz; nous eûmes aussi du thé et du vin dont j'ai déjà parlé. Les pirates nous paraissaient avoir une bonhomie, une prévenance qui pouvaient nous faire croire un moment que nous étions leurs hôtes, puisqu'ils semblaient oublier que nous fussions leurs prisonniers. Ils demandaient à Than-Sing si j'étais satisfaite de leur cuisine. Dois-je avouer que ces nouveautés culinaires, après des privations plus qu'inouïes, ne m'étaient pas désagréables ? oui, sans doute, mais il fallait que j'eusse perdu à un certain degré l'odorat essentiel, car ce qui constitue le fond de la nourriture des Chinois ne venait nullement me troubler ; et pourtant, ils sont aussi sales que les sauvages sous ce rapport, s'ils ne le sont pas plus. Ils mangent, dit-on, les chiens, les chats, les rats. Lorsqu'ils tuent les volatiles, rien n'est perdu dans ces animaux, les intestins sont lavés, raclés, essuyés, et passe sans conteste par le gosier des Chinois. Enfin, ils absorbent jusqu'à des chenilles, des sauterelles, des vers de terre, sans oublier les fameux nids d'hirondelles, dont la réputation chez eux est proverbiale.

La circonstance aidant je faisais donc bonne contenance, comme je l'ai déjà dit. Mais l'inquiétude devait bientôt succéder aux heures de repos que nous venions de goûter. Les pirates, stimulés par leur chef, s'étaient levés tout à coup avec un fort mouvement d'action ; ce dernier, en regardant dans sa longue-vue, venait d'apercevoir au loin une jonque marchande, il la signalait à toute sa bande ; les débris de notre dîner, à peine achevé, disparurent en un clin d'œil et les pavillons furent hissés au haut du grand mât en signe de ralliement.

Les pirates couraient çà et là, disposant tout pour une attaque. Il s'agissait encore de pillage ; mon compagnon et moi reprîmes notre rôle passif ; nous attendions, dans une anxiété silencieuse, des événements nouveaux ; mais Dieu ne permit pas que cette journée qui avait été si heureuse pour nous s'achevât au milieu du *carnage ;* ils s'aperçurent que la jonque qu'ils poursuivaient, gagnant trop le large, ne pouvait être atteinte, et ils se virent forcés de renoncer à leurs projets, ce qui dissipa les angoisses que nous éprouvions.

Vers le soir, plusieurs jonques pirates s'étant approchées les unes des autres, se touchèrent presque bord à bord, et, en bons voisins, les chefs firent des échanges de marchandises ; ils se cédèrent des provisions de bouche. Ainsi, notre capitaine acheta, entre autres, des canards tout vivants ; s'apprêtait-il à nous bien traiter encore ?

Quand la nuit fut venue, toutes les jonques se séparèrent, et la nôtre continua seule sa route.

Peu après, la cérémonie de la prière commença à bord. Confiants dans les bonnes dispositions qui nous avaient été manifestées, nous remontâmes mon compagnon et moi, sur le pont. La brise était douce et molle, le ciel d'une pureté splendide, reflétait ce qui constitue en mer l'occupation du penseur, les étoiles. Je regardais d'un œil humide. Sous cette voûte azurée je cherchais à découvrir l'ombre de la mienne, ou à défaut le moindre signe favorable, le plus petit espoir. N'étais-je pas abandonnée de la terre entière ? Livrée à ces tristes pensées je reportais les yeux autour de moi, c'est-à-dire que je rentrais dans la réalité, et je remarquai que, contrairement aux jours précédents, on avait mis toutes les voiles dehors, au lieu de jeter l'ancre à la tombée de la nuit, comme on avait fait jusqu'alors. Vers dix heures j'allai m'étendre sur mes planches et je pensai néanmoins à tout ce que nous avions eu d'heureux dans ce jour qui venait de s'écouler, puis je tâchai de fermer les yeux ; mais plusieurs fois je m'éveillai, et je prêtai l'oreille au moindre bruit. Le vent s'était élevé, et j'entendais au sillage de l'eau, le long de la coque du navire, que nous filions rapidement.

. . . .

. . . .

Le lendemain devait être un jour marqué par la Providence ; c'était le 18. Il pouvait être quatre heures du matin, lorsque mon compagnon et moi nous fûmes tirés de notre sommeil par un bruit de voix et de pas précipités. L'ancre avait été jetée, nous ne marchions plus ; en outre, on avait hermétiquement fermé notre panneau. Je cherchai à m'expliquer la cause de l'activité qui régnait à une heure si matinale, et plus j'écoutais, plus il me semblait qu'il se passait quelque chose d'extraordinaire.

Après avoir tourmenté quelques instants mon esprit, j'essayai de me rendormir, mais l'inquiétude était plus forte que le sommeil. Je me tournai vers Than-Sing, il avait les yeux ouverts, je le priai alors de me dire ce qui se passait sur le pont. Il se tenait l'oreille tendue ; il mit un doigt sur sa bouche comme pour me dire : silence ! Je ne comprenais pas très-bien. Comme je m'apprêtais à lui faire de nouvelles questions, il me fit encore signe de me taire, en me disant bien bas : « Ils s'en vont ! » Puis il écoutait de nouveau.

Je ne comprenais absolument rien à ce disait ce pauvre homme, quand tout à coup il s'écria, avec un sentiment qui exprimait la joie et la peur en même temps : « Ils s'en vont ! vous dis-je, c'est un steamer ! — Un steamer ? » répétai-je d'un air stupide. Je crus un moment que mon compagnon devenait fou, et je le regardai, avec une véritable peur, mais, me calmant aussitôt je me contentai de hausser les épaules avec pitié. Je lui en voulais de réveiller en moi une espérance depuis longtemps abandonnée, parce qu'elle me semblait irréalisable; aussi je lui tournai le dos avec humeur. « Un steamer ! » me disais-je en moi-même. Mais, à peine avais-je eu le temps de faire quelques réflexions, qu'il me toucha l'épaule, et qu'il me dit encore : « C'est un steamer ! les pirates ont vu un steamer, ils se sauvent dans la montagne ! »

Je le regardai cette fois en face. Mes idées commençaient à s'embrouiller. Il m'était impossible de donner un sens à tout ce que je lui entendais dire. « Vous vous trompez, lui dis-je; si nos ennemis étaient poursuivis, est-ce qu'ils perdraient leur temps à rester à l'ancre ? » Pour toute réponse, il colla son visage à la petite lucarne près du gouvernail, et je l'entendis qui répétait : « Oui, oui, c'est un steamer ; regardez plutôt. » Cette fois, le cœur commença à me battre avec violence ; je m'approchai, à mon tour, de la lucarne, et je distinguai, en effet, un navire qui pouvait se trouver à environ deux milles au large. Je me sers du mot *navire*, parce que je ne lui voyais laisser aucune trace de fumée derrière lui. Ma joie se calma même aussitôt, et le doute me revint à l'esprit. Je me dis, alors, que c'était tout simplement un navire voguant vers Hong-Kong, Canton ou Macao. « Qui pense à venir nous secourir ? me disais-je. Qui pourra nous découvrir à bord de cette jonque, ressemblant à tant d'autres qui sillonnent ces parages ? » Cependant, quelques efforts que je fisse pour contraindre mon agitation, je ne pouvais détacher mes yeux de la lucarne.

A ce moment, Than-Sing dit encore entre ses lèvres : « Ils s'en vont ! ils s'en vont ! » Mais j'étais d'une incrédulité désespérante. Il est difficile de revenir à la vie lorsqu'on a été si longtemps à l'agonie.

« Et pourquoi s'en iraient-ils? lui disais-je. — A cause du steamer, me répondait-il. — Mais je vous dis que cela n'en est pas un. — Si, je vous assure que je ne vous trompe pas. — D'abord, il n'y a pas de fumée; vous voyez bien que c'est un navire. — Cela ne fait rien; les pirates s'en vont. Écoutez. » Le silence se faisait en effet autour de nous, car l'on n'entendait plus que par intervalle un murmure de voix qui allait toujours s'éloignant. Pourtant, les pas d'un homme se faisaient encore entendre. J'élevai les bras en l'air pour soulever le panneau; je voulais voir; mais Than-Sing me retint, jugeant plus prudent, en cette circonstance, de nous faire oublier. Au même instant, le panneau fut ouvert avec précipitation, et une figure aux traits bouleversés apparut à nos yeux. C'était le cuisinier du bord, que l'alerte répandue parmi l'équipage forçait d'abandonner ses utiles fonctions. Il parla en gesticulant, et avec une volubilité de paroles que l'émotion entrecoupait. Il disait à Than-Sing (je l'ai su depuis) : « N'ayez pas peur... vous allez être sauvés... c'est un steamer... » Il était resté le dernier; mais le sentiment de la conservation l'emporta sur le désir qu'il pouvait éprouver de converser plus longtemps avec nous, il s'enfuit au plus vite pour rejoindre les autres. Je poussai alors une exclamation de joie impossible à rendre ; plus prompte que la pensée, je m'élançai sur le pont. Il était bien vrai, nous étions seuls sur la jonque, laquelle se trouvait engravée dans le sable. Le but des pirates, en s'arrêtant en cet endroit, avait été de faire une provision d'eau douce, lorsqu'aux premières lueurs du jour, un steamer, masqué jusque-là par une pointe de terre, leur apparut. Ce steamer avait jeté l'ancre et déjà il envoyait des embarcations pour reconnaître la côte. C'est alors qu'effrayés du danger qui les menaçait, et ne pouvant démarrer, les pirates avaient préféré fuir en abandonnant leur jonque. Ils avaient gagné la terre en entrant dans l'eau jusqu'à mi-jambes; nous les apercevions encore très-distinctement grimper en toute hâte le long du versant de la montagne. Ils traînaient avec eux ce qu'ils avaient pu emporter de leurs rapines ; les uns étaient chargés à dos, les autres portaient des fardeaux sur la tête ou sur les bras.

J'étais dans un saisissement qui ne peut se dépeindre. En les voyant ainsi disparaître, mes yeux se tournaient alternativement vers nos ennemis qui fuyaient et vers le steamer qui nous apportait sans doute la délivrance. Je joignais les mains en les serrant avec ivresse, mon cœur se dilatait, je jetais dans l'air des exclamations bruyantes, je prononçais des paroles incohérentes; enfin, je regardais dans la montagne, je regardais le steamer; j'aurais voulu, comme dans un conte de fées, m'y trouver transportée. Cependant, aucune embarcation ne se détachait pour venir à notre rencontre; mes pieds ne tenaient plus en place. Je jetai la vue vers la pointe de terre près de laquelle le steamer semblait rapproché, et je dis à Than-Sing : « Allons là-bas, ils nous apercevront peut-être; il n'y a qu'un peu d'eau à traverser, nous ferons comme les pirates; venez! venez! » Je ne voyais que la distance, je ne mesurais pas la difficulté. Mais Than-Sing me répondit : « Non, c'est inutile, ils vont venir. — Ils vont venir! » disais-je. Puis j'attendis une minute, et, cette minute passée, je répétais les paroles que j'avais dites un instant avant, et Than-Sing me répondait avec son flegme habituel : « Ils vont venir, calmez-vous, ils vont venir. » Ce sang-froid m'exaspérait; je ne comprenais pas qu'il nous fît perdre un temps précieux, en n'allant pas au-devant du secours que le ciel nous envoyait. Je tentai une dernière fois de le persuader. « Écoutez, lui dis-je, prenons le petit canot ; il me semble qu'avant une heure d'ici, nous pourrions aborder le steamer. Songez donc, si les pirates allaient revenir nous faire prisonniers, ce serait la mort cette fois! Venez. Voulez-vous? Je vous en supplie! » Et je regardais le steamer avec avidité. — « Non, me répondait-il toujours avec le même calme, c'est un steamer; attendons ; je vous dis qu'ils vont venir. » J'étais désespérée; c'était la première fois qu'il s'élevait un débat entre nous deux. Si j'avais su nager, je crois que j'aurais eu le courage de me jeter à la mer pour tenter de me sauver. Je regardais le petit canot avec envie. Mon salut ne me paraissait véritablement assuré que lorsque je ne foulerais plus ce plancher de malheur. Je me dirigeai vers l'arrière de la jonque, où il était amarré, et je l'examinai comme mon unique ressource; je ne tremblais pas à l'idée de me voir seule au milieu des flots, je me demandais simplement si je serais assez forte pour le conduire; je me sentais le courage du désespoir, surtout lorsque je portais mes regards vers la montagne, sur le versant de laquelle quelques pirates apparaissaient encore.

Tout à coup, Than-Sing me saisit le bras en m'arrêtant dans ma pantomime désespérée: « Tenez, regardez, regardez là-bas! me dit-il; voyez-vous trois canots? » Je tournai les yeux dans la direction qu'il m'indiquait, et je vis, en effet, trois canots, lesquels après avoir fait un circuit, semblaient se diriger vers nous. Je suivais avec anxiété leur marche progressive, une idée subite me vint. Je me dépouillai de mon premier vêtement, et je l'attachai en toute hâte au bout d'un long bambou pour attirer l'attention de l'équipage du steamer. Je me disais au milieu de mes transports de joie: « Nos yeux nous trompent peut-être : ces canots qui paraissent venir à nous ne peuvent-ils pas tout à coup changer de route? » Alors, courant à l'arrière de la jonque, qui était le point le plus en vue, je me mis à agiter avec frénésie mon signal improvisé, puis je le fixai bien vite entre deux planches. Quelle émotion! mon cœur battait avec tant de violence, qu'en quelques instants j'avais épuisé mes forces. Il n'y avait plus à en douter, on venait pour nous sauver. Notre jonque était la seule qui existât sur le rivage ; quelques minutes encore et nous allions pouvoir distinguer la forme et la couleur des vêtements de ceux qui montaient les embarcations. Than-Sing, qui se tenait tout près de moi, croisait ses mains en signe de prière ; sa bonne figure exprimait la joie la plus vive. Une idée me vint à l'esprit : c'est que la vue de son habillement chinois pouvait être d'un mauvais effet et nous compromettre ; je le priai de se dissimuler le plus possible ; il comprit ma pensée, car sans mot dire il se retira à l'écart. Mes yeux, perçant la distance, commencèrent, quoique faiblement, à apercevoir les mouvements des rameurs, mais il se fit un temps d'arrêt dans la marche des canots ; les rames, d'une seule manœuvre, furent relevées debout ; une crainte se glissa dans mon âme : allaient-ils virer de bord et retourner au steamer ? Je portai mes mains à la hauteur de mes yeux pour abriter ma vue qui était gênée par le soleil, quand une des plus effroyables détonations retentit, en même temps qu'une fumée blanche et épaisse enveloppait, comme dans un nuage, les trois embarcations. A cette attaque inattendue, surprise, épouvantée, mes jambes fléchirent sous moi, et je tombai sur mes genoux, en criant, dans un paroxysme violent de frayeur : « Than-Sing ! ils viennent pour nous tuer ! Nous allons mourir !!! » Mais à peine avais-je proféré ces cris de désespoir, qu'une rage subite plus forte que la douleur s'empara de moi. En moins de temps qu'il ne faut pour l'écrire, je m'étais dit : « Puisque mon malheur est à son comble, puisque je suis abandonnée de Dieu, puisqu'il faut que je meure, eh bien ! je veux qu'ils me voient, qu'ils me tuent bien en face ! » C'en était trop, je m'élançai à la même place où j'étais quelques moments auparavant. Mes yeux étaient secs et ardents : de la main droite, je saisis ma casquette et je l'agitai en l'air avec frénésie. Oh ! alors, surprise ! surprise inouïe ! Au lieu d'un nouveau feu, des hourras formidables et prolongés parviennent à mes oreilles. Ce cri, partant des canots est répétés par trois fois différentes, ce n'était pas un rêve cette fois, il me révéla que nos sauveurs étaient des Anglais; tous les hommes d'équipage se découvraient et agitaient leurs chapeaux en signe de salut; j'étais reconnue, j'étais sauvée !

CHAPITRE VIII

Récit du capitaine Rooney. — Expédition sur la côte. — Villages incendiés. — La mère des pirates. — Mort d'un Chinois. — *The lady Mary Wood.* — Retour à Hong-Kong. — Protection du consul. — Visite de Than-Sing. — Adieux du capitaine Rooney.

Comment peindre ce que j'éprouvai alors! mon âme succombait sous l'excès de ce bonheur inattendu; et sans parole, presque sans pensée, je sentais des larmes baigner mon visage. En ce moment, les canots abordaient, c'étaient les soldats de la marine anglaise. Les officiers, le capitaine Rooney en tête s'élancèrent aussitôt vers moi avec des marques du plus vif intérêt. Ayant aperçu Than-Sing qui se tenait à mes côtés, plusieurs marins lui montrèrent le poing, le prenant pour un pirate oublié par les siens; mais j'étendis la main, de peur qu'on ne fît un mauvais parti à mon compagnon d'infortune, et le capitaine Rooney se hâta d'expliquer aux officiers quel était le marchand chinois, et combien sa conduite était digne d'éloges.

Lorsqu'on vit que je n'étais pas trop faible pour me mettre en route, l'on me fit descendre dans l'une des chaloupes pour nous conduire au steamer. Je m'éloignai donc à tout jamais de la jonque, où je serais morte peut-être quelques jours plus tard, si le ciel n'eût mis une fin si heureuse et si brusque à mes épreuves, et ne m'eût témoigné son ineffable miséricorde en m'envoyant un secours inespéré. Pendant ce trajet, les officiers, qui parlaient français, m'expliquèrent pourquoi j'avais douté si longtemps de la présence du steamer; ils avaient abaissé la cheminée afin de pouvoir mieux surprendre les pirates. Ils me félicitèrent de ce que j'avais eu le courage, après avoir essuyé un coup de feu de leur part, de m'être mise encore en évidence pour me faire reconnaître, ajoutant que c'était grâce à ma chevelure blonde, qu'ils m'avaient reconnue. Jusqu'alors, ils m'avaient prise pour un Chinois qui donnait l'alarme aux autres. Enfin, mes sauveurs témoignaient une joie bien vive du succès qu'ils venaient de remporter. J'appris qu'à Hong Kong on me croyait morte, ou, pour le moins, emmenée dans l'intérieur de l'empire pour y être vendue. Eux-mêmes, me disaient-ils, n'avaient pas l'espoir de me retrouver.

Nous étions à moitié de la distance qui nous séparait du steamer et de la jonque, que cette dernière était déjà la proie des flammes. Peu après, nous abordions. Les soldats poussaient de longs hourras, auxquels les marins répondaient avec non moins de chaleur. Bien que je fusse très-émue des marques de sympathie dont j'étais l'objet, j'étais presque honteuse en me voyant dans un état si misérable, et ce fut en baissant la tête que je traversai un rang de personnes notables de Hong-Kong, venues à bord pour voir de plus près les résultats de l'expédition. Mais je pus bientôt me dérober à tous les yeux, en me retirant dans une cabine qu'on avait disposée à mon intention. Une fois seule, je me hâtai de faire disparaître les souillures de ma captivité en mettant des vêtements préparés pour moi. Je me regardai dans un miroir ; c'est à peine si je pouvais me reconnaître, tant mes traits étaient changés et maigris. Un cercle bleuâtre cernait mes yeux, ma peau était noircie par le hâle de la mer. Je dus renoncer pour le moment à réparer complétement le désordre de ma chevelure, qui demandait un soin tout particulier. Pendant ce temps, les trois embarcations qui avaient effectué ma délivrance repartaient de nouveau pour aller incendier deux ou trois villages sur la côte, villages connus pour servir de repaires aux pirates.

Les détails qui vont suivre sont racontés par le capitaine Rooney lui-même ; c'est le récit exact qu'il fit aux autorités anglaises et au vice-consul de France, après la catastrophe. J'ai pensé qu'en le reproduisant fidèlement, comme l'ont fait les journalistes de Hong-Kong dans leurs feuilles, il retracerait mieux que je ne pourrais le faire la marche des deux expéditions dirigées à ma recherche et à celle du *Caldera*.

Laissons donc parler M. Rooney :

*Extrait de l'*OVERLAND CHINA MAIL, *de Hong-Kong*.

Nous avons parlé d'un navire qui s'était perdu sur la côte occidentale. On a su depuis que ce navire était chilien et s'appelait *Caldera*. Le récit suivant de sa capture par les pirates chinois a été fourni par le capitaine Rooney :

« Le jeudi 5, à cinq heures du matin, *le Caldera* quitta Hong-Kong pour se rendre à San-Francisco avec un équipage de dix-sept hommes et trois passagers, une dame française et deux Chinois. A quatre heures, le baromètre baissant et le temps prenant un aspect menaçant, je diminuai la voilure et me préparai à subir une forte brise. A minuit, il ventait violemment, et le 6, avant le point du jour, nous courions sous la grande voile de hune à moitié carguée au milieu des lames qui nous battaient en travers. Pendant toute la journée, le vent continua à souffler avec violence ; notre grand mât de hune et notre mât d'artimon furent brisés au ras du pont et le navire commença à faire eau en abondance. Cet état de choses continua jusqu'au samedi à quatre heures de l'après-midi. En ce moment, la terre se montra à deux milles vers le nord ; le vent soufflait sud-sud-ouest. Je pensai que le meilleur parti à prendre était de me réfugier au plus vite dans une baie que je voyais sous le vent, de réparer là mes avaries et d'y laisser reposer mon équipage épuisé de fatigue. Je réussis à atteindre cette baie et j'y jetai l'ancre à environ six heures de l'après-midi ; les hommes se mirent aussitôt aux pompes. Ils y étaient encore à dix heures du soir, lorsque trois jonques chinoises vinrent accoster *le Caldera*, jetèrent sur le pont leurs pots à feu, montèrent des deux côtés à l'abordage et firent prisonniers tous les hommes qui étaient sur le pont ; puis ils s'emparèrent de moi et de ceux qui étaient dans leur lit, nous lièrent les mains derrière le dos et demandèrent si le navire était anglais. Sur notre réponse négative, ils nous dirent que c'était heureux pour nous, car, si le navire avait été anglais, ils nous auraient tous massacrés. Le 7, au point du jour, ils nous forcèrent de lever l'ancre et de les suivre dans une autre baie où nous mouillâmes par une profondeur de trois brasses. Là, ils se mirent à piller la cargaison du navire. Mais, dans la matinée du 9, une flotte nombreuse de jonques parut en vue, et les trois jonques qui nous avaient capturés s'éloignèrent. Cette flotte n'en comptait pas moins de trente-cinq. Elles s'emparèrent de tout ce qu'elles trouvèrent à leur convenance et furent bientôt remplacées par quelques autres jonques de moindre grandeur, que d'autres suivirent encore jusqu'à ce qu'il n'y eut plus rien à prendre dans le navire; alors les dernières arrivées se mirent, faute de mieux, à enlever le cuivre. Une de celles-ci, le mercredi suivant, s'empara de la dame française et d'un des deux Chinois passagers à bord du *Caldera*. Dans l'après-midi de ce même jour, j'obtins d'un des bateaux pirates qu'il me prît à son bord avec mon charpentier et qu'il nous conduisît à Macao. J'y arrivai le lendemain jeudi, et je fis connaître ma situation au capitaine du port et au gouverneur; mais il me dirent que je ne pourrais trouver aucune assistance dans ce port. Cela me détermina à partir immédiatement pour Hong-Kong, où j'arrivai à minuit, vendredi dernier. »

Aussitôt que le capitaine Rooney fut arrivé, il se rendit en toute hâte chez ses agents, MM. Williams, Anthon et Ce, et chez M. Haskell, un des associés, et qui remplissait, à Hong-Kong, les fonctions de vice-consul de France. M. Haskell se transporta immédiatement à bord du vaisseau de S. M. B. *le Spartan*, et, après une entrevue avec sir William Hoste, qui lui promit l'assistance d'un détachement de ses hommes, il alla réveiller M. Walker, de la *Peninsular and Oriental Company*, qui fréta *la Lady-Mary-Wood* pour aller à la recherche du *Caldera*. M. Rooney se rendit aussi chez le lieutenant-gouverneur, qui donna ordre à M. Caldwell, interprète, d'accompagner l'expédition et de prendre sous sa garde comme prisonniers les deux Chinois qui avaient amené le capitaine Rooney à Macao et l'avaient de là accompagné à Hong-Kong, pour y recevoir 50 livres sterling de récompense qu'il leur avait promises.

En conséquence, le lundi suivant, à 9 heures 30 minutes du matin, *la Lady-Mary-Wood* appareilla, ayant pris à bord quatre-vingts blue-jacket (soldats de marine), sous le commandement du lieutenant Palisser et de MM. Olivier et Rogers ; elle quitta le port à la hauteur de la pointe sud-ouest de Lantao (ty-ya-san); une jonque de la côte occidentale fut aperçue voguant vers *la Lady-Mary-Wood*. Quand elle l'eut rejoint, on vit qu'elle avait à bord le subrécargue et l'équipage du *Caldera*. Cette jonque avait fait prix avec ces dernier de 400 livres sterling.

Les matelots furent pris à bord de *la Lady-Mary-Wood*, et la jonque continua sa route sur Hong-Kong, avec une lettre de M. Caldwell.

Les faits qui suivirent ont été racontés en ces termes par un témoin oculaire :

« *La Lady-Mary-Wood* vint le soir jeter l'ancre dans un mouillage où nous ne remarquâmes rien autre chose que l'absence totale de toute voile le long de la côte. Pas une seule, ni petite ni grande ne s'était laissé voir depuis que nous avions quitté le voisinage de Macao jusqu'au moment où nous entrâmes à Koo-Lan. Comme la nuit arrivait, on ne put rien entreprendre ce soir-là, d'autant plus que le capitaine Rooney n'avait pas une idée très-exacte de l'endroit où il avait laissé son navire. En attendant, les embarcations furent mises en état : c'étaient la chaloupe du *Spartan*, dans laquelle il y avait un canon de six, et trois canots du steamer. A peine le jour levé, des débris des mâts du *Caldera* se montrèrent flottant sur les vagues à environ deux milles du steamer. Ils étaient tout noirs, d'où l'on pouvait conclure que le navire avait été incendié, en vue de s'emparer du cuivre et du fer employés dans sa contruction. A neuf heures du matin environ, les quatre embarcations prirent le large escortées par soixante-dix hommes, et, après une longue traversée, elles abordèrent dans le voisinage de quelques huttes de pêcheurs dont les habitants gagnèrent aussitôt les montagnes. On se mit à leur poursuite, et ce ne fut pas sans peine qu'on parvint à en saisir un. Il fut amené à M. Caldwell qui, toutefois, ne put en tirer aucun renseignement, si ce n'est que le navire « avait été brûlé depuis plus d'un mois. » On lui permit de s'en retourner, et la chaloupe, accompagnée de deux embarcations, se dirigea vers le village de Choo-Koo-Mee, distant d'environ huit milles du steamer. La chaloupe marchait à un mille à peu près en avant de la seconde embarcation ; elle fut rejointe par la troisième ; la quatrième, sous le commandement de M. Rogers, fut laissée en arrière par mesure de précaution.

» Près d'aborder, M. Caldwell envoya à terre l'un des deux prisonniers dûment accompagné, avec mission de bien faire comprendre aux habitants qu'on venait dans un but tout pacifique, et simplement pour s'enquérir de la dame qui avait été emmenée par les pirates. Le prisonnier avait fait à peine quelques pas qu'un boulet de quatre atteignit l'embarcation montée par M. Caldwell, dans la direction de sa personne ; mais c'était un boulet mort, et il n'en résulta aucun mal. Le lieutenant Palisser considérant comme un risque inutile de passer sous le feu des Chinois, les embarcations se mirent hors de portée, mouvement que l'ennemi prit pour une retraite, car il poussa aussitôt des cris de triomphe, agita ses drapeaux en signe de défi. Nos hommes, conduits par M. Olivier, eurent bientôt pris terre; ils poursuivirent les Chinois de buissons en buissons et les chassèrent du village en leur tuant de neuf à douze des leurs. En explorant les maisons, on eut l'explication de leur résistance. On y trouva en grand nombre des boîtes de thé, des balles de riz, etc., etc., qui avaient fait partie de la cargaison du *Caldera*. Cela fait, les embarcations vinrent rejoindre le steamer rapportant quelques-uns des canons (pièces de quatre de fabrique anglaise) pris aux Chinois.

» *La Lady-Mary-Wood* retourna à Hong-Kong, le lundi, sans avoir accompli le principal objet de sa mission, c'est-à-dire la délivrance de Mme FANNY LOVIOT, emmenée par les pirates; mais M. Caldwell, nous assure-t-on, pense qu'elle ne peut être que dans le voisinage de cette colonie, ou, dans tous les cas, de ce côté de Macao, et il espère avoir bientôt sur elle des renseignements qui lui permettront d'opérer sa délivrance.

» Cependant, une seconde expédition a été chargée de compléter l'œuvre de *la Lady-Mary-Wood*. Le steamer *Ann* a quitté le port mardi matin, avec quatre-vingt-dix hommes du *Spartan*, sous le commandement des lieutenants Palisser, Morell et Stokes, accompagnés du chirurgien Bradsaw, qui avait aussi fait partie de l'expédition de *la Lady-Mary-Wood*. Il y a tout lieu de croire que cette nouvelle expédition retrouvera une grande partie du chargement du *Caldera*, et rendra bon compte de tous les villages de pirates qui existent dans l'île.

» Nous avons dit que le steamer *Ann* avait été frété pour une seconde expédition sur la côte occidentale, dans le but de compléter la destruction des villages des pirates et d'y reprendre tout ce qui pourrait s'y trouver de la cargaison du *Caldera*. Il revint au port le vendredi en faisant le signal *tout va bien*, et l'on apprit bientôt, en effet, que le steamer avait non-seulement réussi dans le but mentionné plus haut, mais encore qu'il avait eu la bonne fortune de capturer la jonque dans laquelle Mme FANNY LOVIOT et le marchand chinois, faits prisonniers par les pirates, se trouvaient confinés. Voici les détails de cette capture, tels qu'ils nous ont été racontés :

» L'*Ann*, comme *la Lady-Mary-Wood*, arriva à une heure trop avancée de la soirée pour rien entreprendre ce jour-là. En conséquence, le lieutenant Palisser et sa troupe attendirent en repos jusqu'au lendemain matin. Mais, dès avant le lever du jour, les hommes s'installèrent dans les embarcations (la barge, la pinasse et le petit canot du *Spartan*) et se dirigèrent vers une jonque qui gagnait le rivage ; l'équipage de cette dernière, se voyant poursuivi, s'enfuit en toute hâte vers la montagne ; quand les embarcations, qui avaient continué d'avancer, furent dans son voisinage, elles tirèrent sur ladite jonque un coup de canon dont le bruit fit monter sur le pont la prisonnière française et le marchand chinois, qui furent ainsi miraculeusement délivrés. On sut depuis que la jonque était entrée le matin dans la baie pour y faire de l'eau. Deux autres jonques, chargées de volailles et autres produits, reçurent la chasse et vinrent aussi s'échouer sur le rivage. Abandonnées par leurs équipages, elles furent incendiées et détruites par les nôtres.

» L'expédition se dirigea ensuite vers le village de Choo-Koo-Mee, d'où les Chinois, à la première occasion, firent feu sur nos embarcations, qui, à leur tour, lancèrent quelques boulets parmi les maisons ruinées et les arbres, pour disperser les habitants qui pourraient avoir la témérité de résister ; puis nos hommes débarquèrent. Un coup de canon lancé par les Chinois amena sur ce même point un certain nombre de matelots et de soldats de marine avec le lieutenant Palisser, et, tous ensemble, conduits par M. Sarrat, s'élancèrent par un étroit sentier vers le village. Une pluie de flèches et de pierres, et la décharge de neuf canons chargés de vieux boulets de fer, de pierres, etc., etc., les accueillit, mais ne leur fit aucun mal. Naturellement, on se précipita aussitôt sur les canons, dont on s'empara ; quelques habitants furent tués à coups de fusil et de baïonnette ; nos hommes, après avoir mis en sûreté une centaine de ballots de sucre et de thé appartenant au *Caldera*, détruisirent encore dans les environs un petit nombre de huttes qu'ils trouvèrent, puis ils mirent le feu au village, après quoi ils se rembarquèrent et regagnèrent le steamer.

» Le lendemain mardi, dans la matinée, les embarcations furent dirigées vers le village de Koo-Lan, qu'elles trouvèrent défendu par un fort solidement établi, armé de canons de 24 et de 32, dont plusieurs coups, habilement pointés, saluèrent leur approche, en même temps qu'une flotte de pirates, comptant vingt grande jonques, venait prendre position le long de la grève. Nos hommes ne demandaient qu'à les attaquer ; mais le lieutenant Palisser, en présence d'une force si considérable, ne jugea pas prudent de le faire avec les quatre-vingt-dix hommes qu'il avait sous ses ordres, d'autant plus que le principal but de l'expédition avait déjà été atteint par cette poignée de braves, et l'*Ann* appareilla pour revenir à Hong-Kong. On eut bientôt lieu de se féliciter de cette sage détermination, car on a su depuis que, le lendemain matin, la première flotte de pirates de vingt jonques, dont nous venons de parler, avait été grossie par une seconde de quarante. Contre ces soixante jonques, la lutte eût été trop inégale, et, si l'*Ann* l'eût engagée, il est fort possible qu'elle n'en fût pas sortie à son avantage. »

*Extrait de l'*Overland Friends, *of China.*

« Nous avons promis, dans le dernier numéro, de plus amples détails sur l'expédition entreprise par le navire *Ann*, à la recherche des deux passagers enlevés du *Caldera* par les pirates, Mme Fanny Loviot et le marchand chinois. Nous regrettons de ne pouvoir donner de cette expédition un récit aussi ample que nos lecteurs auraient pu le désirer, surtout en ce qui concerne le traitement que les pirates ont fait subir à leur deux prisonniers, traitement dont nous avons entendu parler comme d'une chose inouïe, et devant lequel nous nous arrêtons avec douleur, en pensant à la pauvre jeune femme qui en fut l'objet. On nous a affirmé que les barbares avaient jeté leur captive, dans une cabine peuplée de rats, d'araignées, de cancrolats, enfin d'insectes les plus immondes. Tout cela n'est-il pas fait pour exciter la curiosité et le plus vif intérêt? ». (*Friend of China.*)

Je dois dire ici qu'après cette catastrophe, je me trouvais dans un tel état de fièvre et de malaise moral, qu'il ne m'a pas été possible de satisfaire la curiosité bien légitime des journalistes de Hong-Kong en ce qui touche les souffrances de ma captivité. C'est en France seulement que, rappelant mes souvenirs, je me mis à écrire cette relation, laquelle par son étrangeté même m'a paru mériter la publicité.

En terminant les détails de cette expédition, je ne veux pas oublier de citer un trait de représailles des plus caractéristique.

Il avait été fait dans cette récente affaire deux prisonniers. J'entendais les matelots raconter les différents épisodes du combat. Tous les détails qu'ils donnaient sur la sanglante journée faisaient peine à entendre ; ils énuméraient le nombre d'ennemis égorgés ; l'un d'eux même, qui se vantait beaucoup de son intrépidité, s'attira, plus peut-être par jalousie que par commisération pour le sort des victimes, mainte observation sur sa cruauté. Comme on lui reprochait d'avoir tué une femme chinoise avec le plus grand sang-froid, il répondit impatienté : « Êtes-vous tous des imbéciles, vous n'avez donc pas vu que c'était la mère des pirates ! »

Mon retour à Hong-Kong causa une grande rumeur lorsque la nouvelle s'en répandit. La foule accourut et se pressa sur les quais ; en un instant, des canots remplis de monde accoururent vers le steamer, l'environnèrent, et tous les regards cherchaient à me découvrir parmi les passagers. Il n'était guère facile de me reconnaître sous le costume d'homme dont j'étais encore vêtue. Chacun me faisait des offres généreuses. M. Walker, directeur de *the Peninsular and oriental Company*, me pressait d'accepter l'hospitalité dans sa famille, près de sa femme, qui compatissait à mes malheurs et avait le plus grand désir de me connaître. J'étais très-touchée de toutes ces marques de sympathie ; mais je remerciai M. Walker en lui disant que mon plus vif désir, avant de songer à moi-même, était de voir le vice-consul ; j'avais trouvé une protection si pleine d'humanité dans ce représentant de la France, que j'eusse regardé comme une ingratitude d'accepter aucun bienfait, sans qu'il fût le premier à me donner son approbation : ne lui devais-je pas plus que la vie ? Comme je me disposais à me rendre au consulat, je fus prévenue par M. Haskell, qui se rendait sur le steamer ; il vint à ma rencontre. Il était très-ému ; on lisait sur son visage rayonnant la joie qu'il éprouvait en ce moment de voir tous ses efforts couronnés d'un si grand succès. Il me dit ces simples paroles : « Venez, je vous offre abri et protection au consulat de France. » Ce mot *France* fit vibrer en moi un sentiment indéfinissable ; il réveilla le souvenir de tout ce qui m'était cher ; il était l'expression de la sollicitude de ma patrie veillant sans relâche sur le sort de ses enfants, en quelque endroit éloigné du globe qu'ils se trouvassent égarés. Ma réponse fut des larmes ; il ne m'était pas possible de proférer une parole, tant mon émotion était grande. La Providence, dans mon malheur, se montrait si miséricordieuse !

Nous descendîmes dans une embarcation qui nous transporta à terre ; là, une chaise à porteurs m'attendait, et je parvins en peu d'instants à la résidence française.

Je passai vingt et un jour à Hong-Kong, comblée d'attentions les plus délicates. Plusieurs personnes de la ville vinrent me visiter, beaucoup de dames surtout, dont le récit de mes malheurs avait excité la sensibilité. Je dus pourtant me renfermer, par ordonnance du médecin ; à la suite de tant d'émotions contraires, ma constitution se trouva complétement ébranlée. Cette joie, qui succédait à une immense douleur, m'accablait avec trop de violence pour que mes facultés pussent résister longtemps à la secousse. Le mal se déclara, et je fus prise d'une fièvre ardente. Je restai plusieurs jours et plusieurs nuits en proie à un horrible délire ; mon cerveau malade me transportait sans cesse dans les régions de piraterie, où je ne voyais que sang, poignards et incendie ; enfin, la nature reprit le dessus, Dieu aidant, et je me rétablis vite. Des lettres de France, apportées par un navire arrivé de Californie, me furent remises pendant ma convalescence, et opérèrent la guérison du corps en même temps que celle de l'âme ; ces lettres me rappelaient avec instance, et j'avais été trop éprouvée dans mes voyages pour que mon plus grand désir ne fût pas de revoir, le plus tôt possible, ma patrie et tous ceux qui souhaitaient mon retour.

Je dus alors songer à remplacer par de nouveaux effets ceux que j'avais perdus. Je fis mes commandes de robes et autres vêtements de femme ; dans le courant de mon récit, j'ai oublié de dire que, dans ce pays bizarre, ce sont des hommes qui confectionnent les habillements des deux sexes : la profession de couturière n'est pas, comme en Europe, l'attribution exclusive des femmes. Tous les effets que je rapportai de Chine, tels que robes, linge de corps, chaussures, furent faits par les mains d'ouvriers chinois.

A quelques jours de là, M. Haskell vint m'annoncer la visite de Than-Sing, mon compagnon d'infortune ; ce digne homme avait tenu à me faire ses adieux avant de partir pour Canton, où il comptait retrouver sa femme et ses enfants. Il entra, et j'eus quelque peine à le reconnaître, tant il était richement vêtu : tous ses habits lui avaient été prêtés par un ami ; car, ainsi que moi, il avait été complétement dévalisé. Il avait les larmes aux yeux en s'informant de ma santé. Après une heure de causerie, pendant laquelle nous parlâmes de notre temps de misère, il se retira et me fit ses adieux, non sans m'avoir priée d'accepter, en souvenir de nos malheurs, un joli fichu brodé de soie de diverses couleurs et d'un travail très-précieux.

Mon départ était fixé pour le 11 novembre ; je devais partir par un steamer de la malle des Indes ; le gouvernement français payait mon voyage jusqu'à Marseille.

La veille de mon embarquement, je reçus deux visiteurs, que je ne puis oublier de citer : c'étaient le capitaine Rooney et un des lieutenants qui avaient fait partie de l'expédition envoyée à ma recherche. Cet officier, après m'avoir exprimé toute la joie qu'il ressentait d'avoir participé à ma délivrance, me présenta un livre écrit en langue allemande, que je reconnus pour être celui dans lequel j'avais tracé, à l'aide d'une épingle, quelques lignes en français et en anglais. Ce livre lui était tombé sous les yeux lors de la perquisition faite dans la jonque où j'étais retenue prisonnière ; il s'en était emparé, lorsqu'en retournant les premiers feuillets, il avait pu lire avec surprise le peu de mots que j'y avais tracés. Il me demanda mon consentement pour en rester possesseur ; il voulait, disait-il, le garder comme une relique, afin de le montrer dans sa famille, à son retour en Angleterre. J'étais trop heureuse d'accorder cette légère satisfaction à une personne qui avait contribué à me sauver la vie.

Quant au capitaine Rooney, il semblait fort triste, malgré l'heureuse issue qui avait mis fin à nos infortunes ; il paraissait accablé par ce qu'il appelait la fatalité. Son séjour en Chine ne devait pas être de longue durée ; il sentait aussi le besoin de revoir sa patrie. Il me dit pour dernier adieu : « Si mes vœux sont exaucés, vous arriverez à bon port ; partez avec confiance, la Providence est avec vous. »

CHAPITRE IX

Départ de Chine. — *Le Malta.* — Singapore. — Penang. — L'île de Ceylan. — *Le Bentinck.* — Aden. — Dans la mer Rouge. — Isthme de Suez. — Le Caire. — Le Nil. — Les Pyramides. — Boulac. — Alexandrie. — *Le Valetta.* — Malte. — Marseille. — J'ai fait le tour du monde.

Le 11 novembre 1854, je me rendis à bord du steamer *le Malta*. Le vice-consul m'accompagnait, m'assurant ainsi sa généreuse protection jusqu'à mes derniers pas dans ce pays; je ne pus le quitter sans éprouver une émotion bien vive, et si jamais ce récit lui parvient, je désire qu'il puisse y lire l'expression vraie de la reconnaissance que je lui ai vouée.

La ligne que suit la malle des Indes pour se rendre en Europe est certainement la plus enviée des voyageurs. On se rend de Hong-Kong à Singapore; en sept jours. Le steamer stationne vingt-quatre heures pour prendre du charbon, ce qui permet aux passagers de descendre à terre et de visiter la ville, qui, outre les Malais, est en grande partie habitée par des Chinois et un petit nombre de négociants anglais.

De Singapore on va à Penang; il faut trois jours; le steamer s'arrête une demi-journée seulement pour prendre les lettres, mais ce temps suffit pour visiter ce délicieux coin de terre, où la végétation est si active et où les fruits les plus beaux sont en grande abondance.

Après huit jours de navigation on touche à Galle, île de Ceylan. Là tous les passagers descendent à terre; les bagages sont transbordés sur un autre stéamer. Le nombre des voyageurs n'est jamais considérable dans cette partie du continent; nous étions trente-deux, en partie tous Anglais, et six ou huit Espagnols qui venaient des îles Philippines.

Le Malta continuant sa route sur Bombay, nous nous rembarquâmes, après deux jours de relâche et par conséquent de promenades, sur *le Bentink*, autre steamer de la Compagnie des Indes, qui devait nous conduire jusqu'à Suez. Mais avant d'y arriver on s'arrête à Aden. A cet endroit, on prend encore du charbon ; rien de plus désolé que cette terre aride sur laquelle on ne rencontre que des habitations misérables. Les naturels, comme des troupeaux de mendiants, nagent des heures entières autour du steamer, guettant, se ruant les uns sur les autres pour la moindre pièce qu'on leur jette. Ils sont d'une horrible laideur ; leur chevelure est laineuse comme celle des nègres, et de diverses couleurs. Aden est, en somme, une fort malheureuse contrée.

Après sept jours de navigation dans la mer Rouge, nous arrivâmes à Suez ; je débarquai avec un véritable plaisir. Le parcours de l'isthme se fait dans les diligences qui sont traînées par de mauvais chevaux, qu'on est obligé de relayer toutes les deux lieues. Les bagages et les marchandises suivent à dos de chameaux ; les conducteurs qui font le service du désert sont presque tous borgnes. Une quantité innombrable de mouches voltigent sans cesse autour de ces malheureux et s'attachent impitoyablement à leurs yeux, qu'elles semblent ronger ; on dirait que ces vilaines bêtes travaillent sur des matières pourries. Des carcasses de chameaux, que l'on rencontre à chaque instant et qui sont laissées sur le chemin, servent de pâture aux corbeaux. Deux hôtels restaurants existent sur la route, ils sont ouverts par les soins de la Compagnie pour les besoins des voyageurs ; le trajet du désert se fait en seize heures, puis on arrive au Caire.

Le Caire, la ville orientale où l'on croit rêver les yeux ouverts, où l'on marche de surprises en surprises, comme dans les contes des *Mille et une Nuits*. Tant de récits complets ont été écrits sur ce pays, que je ne tenterai pas d'en faire ici une pâle description. J'y passai trois jours et je les employai à visiter ce qu'il y a de curieux : les bazars, où s'étalent des étoffes brodées d'or et de soie avec une richesse merveilleuse ; la citadelle qui renferme le tombeau du vice-roi d'Égypte. Là, il me fallut ôter mes chaussures et marcher pieds nus. Quant aux pyramides, je ne les vis que de loin, en descendant le Nil, de sorte que leur vue n'excita pas chez moi cet enthousiasme traditionnel et, sans doute, mérité qu'elles inspirent d'ordinaire. Je fis toutes ces excursions escortée d'un guide qui me servait d'interprète. De toutes les sensations que j'ai ressenties

dans mes voyages, aucune n'est comparable à cell
que m'a fait éprouver la ville du Caire.

Pour se rendre à Alexandrie, on prend un petit
bateau à vapeur qui descend le Nil jusqu'à Boulac;
c'est un trajet de six heures. En suivant la rive je
pus jouir à mon aise de la vue de tous ces villages
égyptiens bâtis en terre grise, avec une fourmilière
de pigeonniers.

A Boulac, on prend le chemin de fer qui, en trois
heures, vous conduit à Alexandrie; j'y séjournai
encore trois jours, temps nécessaire pour l'arrivée
des bagages, et les préparatifs d'embarquement
pour l'Europe. Alexandrie ne présente rien de pittoresque; ses bazars sont malpropres et mal assortis.
On n'a pas là, comme au Caire, la vue réjouie par
la variété et la richesse des costumes orientaux, car
les Européens y sont en bien plus grand nombre.
J'allai visiter le palais du vice-roi, la colonne de
Pompée, l'aiguille de Cléopâtre. Que d'antiquaires
eussent été heureux à ma place! Quant à moi, pressée du désir de revoir ma patrie, je ne songeais
qu'au départ; je m'embarquai donc à bord du
steamer *le Valetta*. Je n'avais plus que six jours

de mer avant de toucher la terre natale. Le quatrième on relâcha à Malte, mais pour une halte de quatre heures seulement : personne n'alla à terre. Deux jours après, le 26 décembre 1854, *le Valetta* jetait l'ancre dans la rade de Marseille, et le 30 j'étais à Paris, où je pus lire dans le journal *la Presse :* « Mademoiselle Fanny Loviot, qui avait été
» prise par des pirates dans les mers de la Chine,
» vient de rentrer en France, par Marseille, à bord
» du *Valetta.* »

Avec quelle joie, quel bonheur, après avoir fait le tour du monde et couru les plus grands dangers, je me retrouvai au milieu de ma famille, de mes amis. Partie pour chercher la fortune, je n'avais rencontré que des périls; mais la nature m'était apparue sous ses aspects les plus variés, et s'il m'avait fallu subir les privations, endurer la fatigue, j'avais du moins vécu de cette vie pleine d'émotions qui n'est pas sans charme dans la jeunesse. Je n'ai donc point à regretter d'avoir fait ce voyage.

Puisse le lecteur indulgent ne point regretter de l'avoir lu !

Les articles qui terminent cet ouvrage relatent

comme faits divers quelques fragments de mon histoire. Ils ne méritent pas une sérieuse attention, car ils répètent en partie le récit déjà fait par le capitaine Rooney; mais je les ajoute comme cachet d'authenticité, ayant paru dans les journaux français.

PIÈCES JUSTIFICATIVES

LA PRESSE, 20 *décembre* 1854.

Le *Moniteur de la Flotte* publie l'extrait suivant d'une lettre datée de Hong-Kong, le 27 octobre, et qui contient des détails intéressants sur un petit drame maritime :

« Le navire chilien *le Caldera* partit de Hong-Kong, le 5 octobre, pour San-Francisco, avec deux passagers, une jeune dame de Paris, Mlle Fanny Loviot, et un Chinois. Surpris, deux jours après son départ, par une affreuse tempête, il avait relâché dans une baie située derrière quelques îles où le vent l'avait poussé : il comptait s'y réparer; mais, pendant la nuit, et tandis que l'équipage était occupé aux pompes, trois jonques chinoises l'ont assailli tout d'un coup, s'en sont emparées et l'on mis au pillage; les brigands qui les montaient sont restés deux jours maîtres du navire ; ils l'ont quitté en voyant arriver une nouvelle flottille de jonques.

» Le 11 octobre, les bandits qui montaient une de ces dernières jonques offrirent au capitaine du *Caldera* de le conduire à Hong-Kong, lui, un Chinois du bord et une jeune dame passagère; mais quand la jeune dame et le Chinois furent descendus dans l'embarcation, les bandits poussèrent au large et ne voulurent jamais prendre le capitaine, qui réussit enfin, un peu plus tard, à se procurer un bateau et à se rendre à Hong-Kong.

» Pendant ce temps, les pirates entraînèrent la jeune dame et le Chinois, et les firent entrer dans un bateau, où ils les enfermèrent dans une petite cabine de l'arrière. « Nous étions obligés, écrit la jeune
» dame dans son récit, de nous tenir *en raccourci*
» faute de place, et on nous surveillait de très-près ;
» le soir, il nous était permis de sortir pour un quart
» d'heure à peu près de notre prison ; mais dès que
» les pirates voyaient venir d'autres bateaux, ils nous
» faisaient rentrer au plus vite ; ils nous fournissaient
» de la nourriture à l'heure de leurs repas, et nous
» disaient souvent que si le bateau qui portait notre
» capitaine à Hong-Kong ne ramenait pas notre
» rançon, ils nous relâcheraient.

» Nous sommes restés ainsi jusqu'au matin du 18 ;

» le Chinois, mon compagnon d'infortune, entendit
» les pirates dire qu'un steamer était en vue et qu'il
» fallait faire des préparatifs pour se sauver à terre;
» ils ne tardèrent pas, en effet, à s'échapper, nous
» laissant ainsi libres, et sans nous faire aucun mal.
» Pendant le temps que nous avons passé à bord de
» ce bateau, les pirates ont attaqué, la nuit, un ba-
» teau chinois, et, le lendemain, ils ont trafiqué de
» leur butin avec un autre bateau. De notre prison,
» nous entendîmes distinctement passer les mar-
» chandises d'un bateau à l'autre et compter l'ar-
» gent. »

» Le steamer envoyé à la recherche des pirates,
et qui a délivré la jeune dame et le Chinois, a détruit,
avant de quitter ces parages pour revenir à Hong-
Kong, trois villages occupés par les pirates. On croit
qu'une nouvelle expédition de bâtiments de guerre
sera spontanément dirigée contre les repaires où ces
bandits se réunissent. »

PRESSE, 30 *décembre* 1854.

« Mademoiselle Fanny Loviot, qui avait été prise
par des pirates, dans les mers de Chine, vient de
rentrer en France, par Marseille, à bord du *Valetta.* »

MONITEUR, 20 *janvier* 1855.

« Le gouvernement de l'Empereur a reçu de Son Excellence lord Cowley communication d'une dépêche adressée à l'amirauté par le contre-amiral sir James Sterling, commandant en chef la station navale de Sa Majesté britannique dans les mers de l'Inde et de la Chine, ainsi que d'un rapport en date du 20 octobre 1854, dans lequel sir William Hoste, capitaine du vaisseau *le Spartan*, rend compte d'un expédition entreprise contre les pirates de l'île de Symong, aux environs de Macao.

» Les pirates avaient pillé et fait échouer la barque portugaise *Caldera*, emmenant une dame française qui se trouvait au nombre des passagers. Le croiseur britannique *Lady Mary-Wood* les ayant vainement poursuivis, le vice-consul de France à Hong-Kong demanda au capitaine du *Spartan* d'envoyer un détachement à bord du steamer *Ann*, que les assureurs de la barque se proposaient d'expédier pour recommencer la même tentative.

» Le 17 octobre dernier, d'après les ordres de sir William Hoste, le lieutenant Palisser partit avec quatre-vingt-cinq hommes montés sur trois chaloupes ; il jeta l'ancre près des débris du *Caldera*.

Le lendemain matin, ayant aperçu sous le vent quelques jonques d'une apparence suspecte, le lieutenant leur donna la chasse avec les trois bateaux qu'il commandait, le peu de profondeur de l'eau interdisant au steamer d'approcher de la côte. Ces jonques se dirigèrent aussitôt vers la terre, où leurs équipages s'empressèrent de se réfugier, après avoir jeté leurs armes à la mer. Les Anglais eurent le bonheur de trouver dans la première jonque la voyageuse française, ainsi qu'un négociant chinois fait prisonnier en même temps qu'elle. Ils les envoyèrent tous deux à bord de l'*Ann*, et incendièrent la jonque ainsi que deux autres bâtiments; ils se dirigèrent ensuite jusqu'au village de Kou-Cheoumi, d'où l'on avait fait feu sur les bâtiments anglais deux jours auparavant, et où l'on savait qu'était déposée la cargaison enlevée par les pirates. Ils retrouvèrent en effet cent cinquante-trois sacs de sucre et quarante caisses de thé qu'ils emportèrent, et ils brûlèrent deux villages.

» Pendant la première de ces opérations, on découvrit un troisième village, défendu par une batterie de quatre canons et huit pièces de siége. Le lieutenant força son chemin à travers un taillis épais, et, après avoir essuyé une décharge qui ne lui blessa personne, il s'empara de la batterie, en dispersa et en tua les défenseurs, incendia le village avec les bateaux échoués sur le rivage, et s'éloigna après avoir encloué les canons, à l'exception de six qu'il emporta comme trophée de sa victoire.

»Dans sa dépêche, sir William Hoste signala la bravoure et la bonne conduite des équipages, qui ont travaillé pendant douze heures, exposés à un soleil ardent: il fait aussi le plus grand éloge du lieutenant Palisser, qui, en quatre mois, a commandé cinq expéditions contre les pirates avec le même succès, et a détruit trois forts pourvus de dix-sept canons. »

LA PATRIE, 12 *février* 1855.

« Macao, 6 décembre.

» Le 6 octobre dernier, un navire chilien, *le Caldera*, parti la veille de San-Francisco, étant venu échouer, par suite de mauvais temps, près d'une des nombreuses îles situés au sud-ouest de Macao, fut attaqué et pillé par les pirates. Une jeune Française, Mlle Fanny Loviot se trouvait à bord ; les pirates la retinrent prisonnière ainsi qu'un autre passager, riche marchand chinois, et laissèrent partir le capitaine du bâtiment pour Hong-Kong, dans l'intention d'en obtenir une double rançon.

» Instruit de ces faits par le capitaine du *Caldera*,

le vice-consul français s'adressa au commandant de la station anglaise, sir William Hoste, et le pria, en l'absence de toutes forces françaises dans ces parages, d'envoyer un bâtiment à la recherche de Mlle Loviot. Sir William Hoste accéda avec empressement à cette demande et fit aussitôt partir quatre-vingts hommes de la corvette *le Spartan*, sous les ordres du second de ce bâtiment, le lieutenant de vaisseau Palisser, à bord du steamer *the Lady Mary-Wood*, que les consignataires du *Caldera* avaient affrété dans le but de sauver la partie du chargement qui n'aurait pas encore été enlevée par les pirates.

» Le détachement des marins anglais rencontra les pirates, incendia un grand village où ils s'étaient retranchés, leur tua vingt hommes et leur prit quelques canons. Il surprit la jonque sur laquelle se trouvaient la captive ainsi que le négociant chinois, sévit énergiquement contre les bateaux et les villages qui servaient d'abri aux pirates, et revint à Hong-Kong dans la matinée du 19. La jeune femme était restée douze jours prisonnière de ces misérables ; mais l'espoir qu'ils avaient d'obtenir pour elle une riche rançon les avait empêchés de la maltraiter. »

FIN

TABLE

CHAPITRE PREMIER

Départ du Havre. — Regrets de la vie parisienne. — Un banc de rochers. — Rio-Janeiro. — Le bétail humain. — Départ de Rio. — Six semaines en mer. — Se cap Horn. — Tempêtes. — Mort d'un matelot. — Pêche d'un requin. — Terre ! terre ! — Le pays de l'or.   3

CHAPITRE II

La baie de San-Francisco. — Navires abandonnés. — La Mission Dolorès. — Mœurs des Chinois émigrés. — La race noire. — Les habitués de Jackson-street. — Maison des jeux. — La bande noire. — Comité de vigilance. — La pendaison.   21

CHAPITRE III

Sacramento. — Le fort Sutter. — Indiens nomades. — Mary's-ville. — Shasta-City. — Rencontre d'un ours. — Weaverville. — Les mineurs. — Les montagnes Rocheuses. — Yreka. — Retour à San-Francisco. 37

CHAPITRE IV

Incendie. — Départ pour la Chine. — *L'Arturo.* — Une malade à bord. — Les sorciers chinois. — Mort. — Les mers de la Chine. — Une voie d'eau. — Arrivée à Hong-Kong. — Visite au consul. — Voyage à Canton. — Insurrection chinoise. 61

CHAPITRE V

Le capitaine Rooney. — Than-Sing. — Le typhon. — Chute du mât de misaine. — Effets de la tempête. — Désastres du *Caldera*. — Les pirates chinois. — Scènes dans l'entre-ponts. — Équipage enchaîné. — Interrogatoire. — Menaces de mort. — Pillage. 83

CHAPITRE VI

Séquestration. — Le bon Chinois. — Une lueur d'espoir. — Nouvelle flottille de jonques. — Déguisement. — Plus de vivres. — Pirate père famille. — Proposition de fuite. — Refus de l'équipage. — Fureur du capitaine Rooney. — Embarcation à la mer. — Désappointement. 109

CHAPITRE VII

Désespoir. — J'écris la date de ma captivité. — Apparence de bonté des pirates. — Un joyeux repas. — Un steamer en vue. — Fuite des pirates vers la montagne. — Coups de canon sur notre jonque. — Reconnaissances. — Hourra! hourra! — Je suis sauvée................................... 167

CHAPITRE VIII

Récit du capitaine Rooney. — Expédition sur la côte. — Villages incendiés. — La mère des pirates. — Mort d'un Chinois. — *The lady Mary Wood*. — Retour à Hong-Kong. — Protection du consul. — Visite de Than-Sing. — Adieux du capitaine Rooney. 193

CHAPITRE IX

Départ de Chine. — *Le Malta*. — Singapore. — Penang. — L'île de Ceylan. — *Le Bentinck*. — Aden. — Dans la mer Rouge. — Isthme de Suez. — Le Caire. — Le Nil. — Les pyramides. — Boulac. — Alexandrie. — *Le Valetta*. — Malte. — Marseille. — J'ai fait le tour du monde............. 218

FIN DE LA TABLE

www.ingramcontent.com/pod-product-compliance
Lightning Source LLC
Chambersburg PA
CBHW071941160426
43198CB00011B/1496